U0001092

金融趨勢大未來

劉宗聖、盧成德、張明珠 著

金融創新領航者

　　元大投信目前是臺灣共同基金的龍頭業者，也是國內ETF的領導品牌，且不斷致力於產品創新，在此過程中並不斷與主管機關合作，推動金融創新，也帶動國內整體ETF在過去二年出現結構性改變。

　　2017年元大投信成功募集第一檔美債ETF，包含原型、槓桿、反向3檔美債ETF，其中原型美債ETF將於櫃檯買賣中心上市掛牌，2017年起債券ETF也將享有十年免徵證交稅的優惠，櫃買中心希望推動不同債券投資工具發展，提供臺灣投資人更多元、更多樣的債券投資標的，使國內過剩資金有去化管道。

　　櫃檯買賣中心未來也希望朝中小企業的搖籃、債券市場的樞紐、創新創意產業的推手及創新產品平台的園地等四大主軸，同時秉持專業、服務、創新的精神，致力「傳承過去

、創新未來」的發展，期待與國內金融業者共創多贏格局。

2015年台灣債券成交值、發行量都居WFE(World Federation of Exchanges)排名第九大，2016年上半年債券成交值第九大，發行量更晉升到第七大。希望未來透過各面向的努力，以及與金融業者合作，能夠共同擴大國內債券市場發展規模，並提高債券市場流動性，吸引更多資金參與。

展望未來，金融業者應該隨著人口趨勢的改變，提供能夠滿足投資人需求的投資解決方案，不論是產品、技術、甚至服務創新，都要與時俱進，才能推出符合投資人期待的產品，進而帶動國內金融市場持續成長與發展，也相信元大投信能持續扮演領頭羊的角色，帶動基金商品的創新發展。

證券櫃檯買賣中心
總經理 **張麗真**

期待台灣金融產業持續蓬勃發展
再創高峰

　　《金融趨勢大未來》一書是針對市場趨勢、法規突破、投資策略、產品創新等四大環節的環顧與分析，這麼多年來，台灣的金融環境，不論是整個業態及產業的發展，到經營的視野和格局，都伴隨著內外部政經局勢的大調整和變化，必須時時找出因應之道和解決之道，透過我的口述，藉由公司同仁的採訪撰寫整理，得以將本書順利出版。

　　出版這本書的源起就是要不斷持續探討這些未來趨勢，我們也從現在反饋或是回顧過去所探討的有些面向，現在都已經一一實現，包括法規的突破、產品的創新，但是的確還有一些大環境的困難，還有一些現象，急待尋找解決及克服的辦法，我們當下還是會繼續的努力，出版這本書就是要讓大家知道這一路走來，從過去到現在，乃至於放眼未來，其

實台灣的金融產業依然是持續的蓬勃發展，持續還有很多機會，所以我們並不悲觀，但也的確競爭加劇，在面對低利率時代以及國際化的系統風險下，如此的瞬息萬變，除了眺望天邊的彩霞之餘，同時也要留意不要踩壞眼前的玫瑰，所以未來在風險的管理，產品的創新，在法規紀律的遵守，乃至於對外在環境時時的掌握，也是出版這本書希望分享走過這段路的心路歷程。

在此，我要特別感謝我們元大投信的同仁盧成德先生，一路走來對於協助公司在很多產品的市場教育、投資人保護及宣導方面不遺餘力，這本書我很榮幸有此機會能與他共同出版。同時也要感謝的是公司另一位同仁張明珠小姐，她針對本書的編輯、排版及印刷出版，投入相當多的心力。而本書更是希望分享給更廣大的市場投資人，去了解到整體金融產業、金融公司在發展各項業務的前提之下，有哪些是我們持續以來一直關注和念茲在茲的。

元大投信
總經理　劉崇聖

金融趨勢大未來
目錄 CONTENTS

① 宏觀投資趨勢解析 掌握未來動向

② 台股進入新常態 投資新戰略

金融趨勢大未來
目錄 CONTENTS

5 退休理財規劃需求與資產配置

6 ETF的解決方案與攻略

金融趨勢大未來
目錄 CONTENTS

7 數位金融新趨勢 資產管理新變革

1 宏觀投資趨勢解析

掌握未來動向

1-01
投資人口位移
台股低量的第一道警鐘

　　根據APEC研究結果顯示，當人口步入高齡化社會後，會有國民儲蓄率降低、投資活動下降、實質利率下滑、經常帳對GDP比率降低，債券市場規模擴大的趨勢。也就是說，人口高齡化的國家，因消費需求不振導致企業投資活動趨緩，通貨膨脹維持低水準，儲蓄率提高，拉低實質利率，進而影響潛在經濟成長率。

　　當前全球經濟成長動能疲弱不振、地緣政治風險不散、央行鴿派舉措導致資金氾濫、產能過剩拖累通膨維持低檔。在這樣的經濟環境下，投資方對於低風險、低波動、固定收益的需求大幅提高。國際信評公司惠譽(Fitch)統計顯示，截至2016年6月底，全球落在負殖利率的債券規模已增至11.7兆美元，較5月底時的規模增加12.5％，顯示債券所能提供穩定配息的空間已受到壓縮，對於追求固定收益與低波動的投資人來說，「金融資產的通貨膨脹」已經大幅提高資產配置的難度。

　　目前台灣人口最多的年齡層為30歲至39歲，其後即開始出現年齡愈高、人口愈少的現象。亦即，過去股市的交易主力逐漸步入中高年齡層，但年輕族群處於低經濟成長、低超額報酬的環境，無法取代已然老化的一代而投身股市，造成核心交易人口空洞化現象，顯示人口結構板塊的量變，使得交易人口高齡化以及低成交量漸成常態。

　　主管機關資料亦呼應此一現象，2016年上半年上市櫃合計日均量降至1,044億元，為二年多來新低，為搶救台股成交量，主管機關積極提出因應對策並開出八大藥方，除過去股市揚升方案著重在交易制度面的效果外，也更著重於針對實體經濟的變化、產業結構及資金供給等面向提出配套措施。

　　此外，我們也觀察到「人口高齡化」更是近年來不容忽視的議題。若仔細觀察，台灣社會的人口老化趨勢已逐漸改變投資版圖的樣貌(landscape)呈現；根據台灣證券交易所資料顯示，2015年台股交易人數約為289萬人，較2010年減少43萬人，減幅達13％，平均日成交金額也由約1,120萬下滑至約890萬。而台股的自然人以40~60歲的中壯年族群為主力，41歲至50歲及51歲至60歲成交金額各占27.4％與30.7％，61歲以上占20.9％，但20歲~30歲僅占4.5％。

　　這樣的分佈顯示，台灣傳統的股市交易主力即將迎來退

休階段，對於退休金與理財規劃的需求將日益高漲，導致未來股市交易型態必然會因人口結構改變而日趨高齡化，對於退休理財或者具有資產配置概念的產品需求將擴增，金融產品創新面臨到質變的挑戰。

反觀在ETF方面，目前雖亦是以40~50歲的中壯年族群為主體，占比達六成，但60歲以上的年長族比重在2015年上半年為20.9％，5年間增加8個百分點。在主管機關積極推廣下，ETF類基金、低交易成本、低波動的特性已扮演關鍵角色，如具有穩定配息的高股息ETF、追蹤標的指數方向性的ETF，甚至是具有防禦型固定收益的債券ETF等。而由於指數型產品的特性符合人口結構變化而產生新的投資理財需求，ETF近年來占台股成交比重已由2010年的0.71％大幅成長至2016年6月底的10.12％。

未來如何突破法規的限制，規劃設計並推出更多滿足高齡人口所需的投資產品，以對接證券市場，將是未來改善成交量低迷的關鍵藥方。因此，資產管理公司的發行策略必須能夠意識到人口結構的質變，進而貼近投資人對於資產配置的需求，推出更多元且具有核心配置價值的相關商品，滿足投資人對於資產增益與資產保護的雙重期待。

（本文於2016年7月30日刊載於工商時報A3版，略有編修。）

1-02
台股邁向多元、雙向、開放的資金平台

　　滬港通的訊息近期在台灣變得很淡，自先前香港交易所行政總裁李小加對外透露滬港通暫無時間表，仍需等兩地監管機構決定開通時點，加上香港佔中事件的影響，滬港通的延遲推出時程可能會不如市場預期，與此同時，對台股來說應是一個反攻的契機。

　　台股走過2014年第二、三季的微笑曲線，目前已經進入第四季，第四季通常是台股行情表現較好的一季，從本季一直到封關，台股行情過往經驗都可望有所表現，對於台股未來發展的格局，投資人莫不寄以厚望。

　　而最近證交所不斷地將新種ETF推陳出新，有助於刺激台股的成交量，但這段期間雖有主管機關釋放激勵台股的措施，但受到國際股市的短期下跌影響而顯得動能相當疲弱，癥結點仍在於資金退場觀望，成交量處於一個低水平狀態。另一方面，櫃買中心也積極推動基金交易平台、黃金交易平台、利率交易平台，乃至於主管機關將開放台股相關商品，

包括取消到國際金融業務分行（OBU）、國際證券業務分公司（OSU）銷售的基金投資台股上限30％限制，並開放結構型商品連結台股，此舉是希望擴大金融業商機，帶動更多資金挹注台股。

　　而台灣能否在政策開放的過程中，改變內部的體質，但這個改變不能去迎合滬港通。像前一陣子有太多人擔心一旦滬港通開通後，台灣將會被邊緣化，但無論如何對於台股未來行情的發展我們必須抱以高度期待，滬港通畢竟僅是個交易機制及作業平台，中國未來的投資發展還是要看經濟的發展，以及企業的基本面，但這兩大關鍵因素，2014年以來中國表現並不是太好，如果滬港通能帶來投資機會，可能僅是修正原本陸股結構性的一些改變而已，陸股畢竟還是希望讓國際法人資金流入，且藍籌股的估值偏低，因此滬港通的效用應屬有限。

　　在這個前提之下，台股雖然面臨一些威脅和挑戰，但台灣在這些陸續開放的措施中，如何有效解決台股成交量低迷的問題相當重要。藉由亞洲盃可以串起一些雙向交流的基礎和平台，大家齊心配合主管機關打亞洲盃，不是僅將資金拿到國外去，也必須讓資金回流到台灣，如果是光出不進，台灣可能會有某些資金空洞化的危險，透過打亞洲盃的方式得以造福台灣的投資人，台股未來在亞洲資本市場的重新定位

應該是多元、雙向、開放的資金平台。

　　何謂多元，就是產品的多元面貌，我們目前了有證券市場、期貨市場，還有OBU、OSU，推出的產品不光是針對台灣投資人，應該將範圍擴大至推出適合亞洲投資人的產品；開放就是指亞洲盃；至於雙向是指錢走出去也要帶進來台灣，這樣台灣才有機會脫胎換骨，況且再透過法規的開放，產品的多元，相信台股一定大有可為。

　　因此打亞洲盃一定不是單向，要能將錢回流，才可以透過多元的溝通，加速回收，而產品的多元也需要仰賴台灣企業投入更多研發，產品不斷推陳出新，法規持續開放，在亞洲盃的基礎之下，可以建立一個雙向態勢。台灣無需欽羨滬港通，可以納入滬港通的概念，不是一個零和、互斥的概念，台灣可以發展出比滬港通更為龐大的網絡，將來這個網絡還可以和滬港通串接，也是迎合主管機關打造台灣成為亞太理財中心的決心。讓資金活化，台灣才能發展自身特色。

　　將來亞洲資本市場的鏈結遲早會發生，台灣不需過度擔心滬港通所帶來的威脅，我們應當戮力奮發向上，倘若滬港通真的因佔中事件而延宕，台灣應該把握這個喘息的機會，好好衝刺一番作為。

（本文撰寫於2014年10月18日，略有編修。）

1-03
台股價量結構 將進入正向循環

　　過去國人認為海外產品的投報率及多樣性比台灣為高，從金融帳來看，中央銀行公布2014年第2季國際收支，其中金融帳淨流出143.7億美元，連續第16季淨流出，創下歷來最長的淨流出紀錄，累計自2010年第三季以來的16季，金融帳合計流出高達1438.6億美元；但台股這2年表現在國際市場頗具競爭優勢，且在新型態產品推陳出新的助威之下，預期過去資金外流的現象，將來具有導正的空間。

　　以往台灣傳統的股市運作模式都是量先價行，代表投資人從量的角度進入市場布局，慢慢地透過不斷地交易將價格引領向上，台灣這幾年綜觀基本面、企業獲利都有一定程度，但台股這幾年深受量能不足所苦，事實上從指數還原扣抵的角度，每年都約有4％的高配息水準，嚴格來講，台股在還原息值之後，台股水位不見得太低。

　　台股深受量能不足所苦，代表投資人進場意願不足，尤其是代表散戶參與度的指標-融資餘額目前處於2000~2200億元的水準，台灣這幾年外資持股約37％市值以及大型機

構法人，但是台股這波在供給和需求的角度，在供給面，主管機關推動新的產品、新的機制，台灣證券交易所除了傳統股票之後，現在還有存股證，並推動新種ETF例如槓桿及反向ETF、黃金ETF，至於櫃檯買賣中心則針對黃金、開放式共同基金積極推動發展，接下來台股這一波，看起來很多多元化的新商品會進入到現貨市場，也讓投資人可以從傳統的一般股票可以交易到不同的方式。

　　台股的成交量以前是以純股票的狹義角度去看，早期證交所提到的TWSE，它分別代表的意義是T是TDR，W是權證，S是股票，E是ETF，將來想必多元化的產品將可望帶動台股的成交量，觀察政府開放法規，散戶進入市場，多元產品的供給之外，我們也觀察到台股在國際市場之間的能見度和接受度有日益提高的趨勢。

　　事實上台股這2年在大中華市場，甚至2014年以來在全球股市表現相對是一個強勁的市場，現在的台股和過往的台股量價上已不同，以前是量先價行，這次是價先量行，當日先買後賣、先賣後買，雖然還有大戶條款，且投信和自營商的占比不到10％，將來若能透過新機制的開放，讓金融機構及一般投資人的資金回籠，台股的量價結構將可望引導至一個新的正向循環。

　　台股目前擺脫一些過去不確定的因素，消除這個結構上

的包袱，倘若資金到位，新產品不斷地提供，加上企業獲利能夠穩定成長，在人氣回籠、法規開放及新產品推陳出新之下，台股未來的量價結構將更趨完善和健康，有利台灣股市未來中長期的發展。

就在此前提之下，台灣將來有更多的初級市場發展，像是海外回台上市，點心債，台灣這個資本市場絕對有足夠的胃納量，如果因應目前台灣如此廣大的人民幣市場，相信人民幣計價商品也會應運而生，包括人民幣計價的股票、人民幣計價的ETF、人民幣計價的權證，台灣就可以進入到多貨幣的市場，傳統的單一股票進入到多元產品的市場，再到跨貨幣的市場，台灣資本市場才得以向國際市場靠攏，不論是初級市場或次級市場都可以吸引到更多的國際資金。

(本文於2014年8月23日刊載於工商時報A3版，略有編修。)

1-04
亞洲資產管理新趨勢

　　香港資產管理規模在2014年上半年比2013年增長27％，正式突破16兆港幣，這是自2009年以來幾乎翻倍的增長，細觀在香港資產管理規模創新高的過程中，除了原本受惠RQFII（人民幣合格境外機構投資者）的2700億額度推動之外，使得香港已是全球最早也是最大的RQFII基金發行及交易平台，亦針對香港與內地簽訂「更緊密經貿關係安排」CEPA的第10份補充協議(CEPA 10)中港基金的互認，進行緊鑼密鼓的準備，從香港資產管理規模創新高的背後意涵，可以洞悉亞洲資產管理的幾個新趨勢。

　　首先，香港管理資產來自海外投資者的比例趨升，從過去約達60％，現在已增加近72％，在RQFII的引導之下，預料對人民幣有需求的國際機構法人，尤其是退休基金、主權基金等大型機構法人資金均會持續流入亞洲。

　　第二，資產管理行業針對高增值人才，從事基金管理、研究及交易等職位需求大幅增加。第三，香港持有資產管理牌照(即9號牌)機構大增，已超越持有證券交易(即1號牌)的

機構，在資產管理與一般傳統市場交易的過程中，已更重於純量，就是純量的發展大於流量的發展；第四，香港註冊基金數目與產管理規模，2013年分別大幅增加50％及74％，整體市場的供給和需求並進，供給增加反映了人才需要、基金發行新數目的增加與新種商品的推出，還有法律的開放與整體市場擴容的動能。第五，在香港管理的資產投資亞洲以外的市場比例2013年增長超過25％，資金流入亞洲再面向全球。

對於台灣資產管理業者來說，RQFII勢必須要提早布建，香港資產管理規模得以創新高，RQFII絕對是關鍵因素，因為香港已領先倫敦、新加坡，乃至於其後的法國、德國、南韓，畢竟有先入優勢就有機會贏者全拿，這是市場發展長久不變的硬道理。

另從中港基金互認的角度，香港雖然是彈丸之地，但面向中國大陸市場，有更多的發展空間及彈性得以突破。從東南亞的新加坡、泰國、馬來西亞之東盟集體投資計劃（ASEAN CIS），由歐洲發起的亞洲區域護照（Asia Region Funds Passport），包括澳洲、新加坡、南韓等國，乃至於中港基金互認，台灣在國際間亞洲基金護照的協議和框架內，勢必也要走出去，境外基金得以在全球及台灣銷售，但境內基金只能在台灣銷售，長遠將無法與境外基金相抗衡。

台灣投信公司已有許多在大陸設立合資基金公司，在香港設局佈點，台灣未來投信業不是僅擔任資金的提供者，而是資金的需求者，提供解決方案平台，作為終端解決方案的提供者，除了傳統的流量，也要具有存量功能，得以擴大上中下游金融產品線的布建，金融系統的供應鏈及生態系統才得以完整。在面對日益茁壯的中國資本市場，以及日益整合的中港基金的環境，台灣才能夠走出自己獨特的利基，擴大在台灣資本市場全方位的發展，這也是呼應了主管機關鼓勵業者打亞洲盃的決心。

(本文於2014年8月2日刊載於工商時報A7版，略有編修。)

1-05
中國發展基金業的T型管理概念

　　2014年中國證監會發佈《關於大力推進證券投資基金行業創新發展的意見》，即為「創新11條」，強調中國基金業未來創新發展的總體原則、主要任務和具體舉措，這個開放管制是中國推動當地基金業創新發展的意見，從中可以明瞭未來資產管理業監管脈絡演變。

　　依照十八屆三中全會的全面深化改革戰略部署，這份意見涵蓋了加快發展多層次資本市場的任務要求，加強投研能力、風險管理能力、客戶服務能力建設，加快建構協助基金業健康發展的制度，這無非就闡明了中國冀望在基金業得以在國際間呈現現代化、國際化的新面貌。

　　「創新11條」是中國加快推動基金管理公司向現代資產管理機構轉型，推動基金業創新發展，可以從三個面向瞭解目前中國為推進基金行業創新發展的任務和具體措施。

　　一是加快建設現代資產管理機構：支持差異化發展，鼓勵綜合性、集團化大型資產管理機構與專業化、特色化中小型資產管理機構並存發展；支持中小基金管理公司集約化經

營，降低運營成本；完善治理機制，支持基金管理公司混合所有制改革，進一步優化基金管理公司股權結構和組織形式，支援建立專業人士持股；推動雙向開放，逐步放寬外資持股比例限制。

二是支持業務產品創新。支持自主開發跨境跨市場、覆蓋不同資產類別、多元化投資策略、差異化收費結構與收費水準的公募基金產品；鼓勵公募基金在投資範圍、投資市場、投資策略與產品結構等方面大膽創新；支持基金管理公司拓展業務範圍；鼓勵基金公司與互聯網企業開展多種形式的業務合作；加大基礎設施及平臺建設。

三是推動監管轉型；分類別、漸進式探索資產管理業務"負面清單"，建立創新發展需要的監管模式；放寬行業准入，鼓勵各類符合條件的主體申請公募基金管理牌照。

在基金的銷售或專戶管理，希望基金的組織發展得以多元化，甚至鼓勵基金公司上市，以促進國際競爭力，這和目前台灣主管機關在倡導打亞洲盃，基金業發展的過程從單一市場擴及到區域市場，希望建立多元化資產管理公司的架構。第一是主張差異化的發展，完善公司治理，支持基金管理公司完成混合所有制改革，希望有長效的激勵機制，降低人員的流動性，以健全公司的發展，公司的專業人士可能在公司的持股或利潤分享是一個中長期的概念，而不是為了短期

的績效，在公司的中長期發展希望建立合夥人制度，中長期分潤的方式，包括基金經理人、投研人員等等。

接下來就是與境外合作，進行大量的開放，除了中港基金互認之外，交易所ETF交叉掛牌，鼓勵很多機構透過上海自貿區，金融改革試驗區，還包括滬港通，中國之前是鼓勵合資，引進技術關鍵性人才，現在這個基礎建設方面，希望透過包括中港基金互認、滬港通、上海自貿區、ETF交互掛牌，藉由這四大環節，希望建構進出的高速公路，這正是中國目前積極且大力投入之所在。也希望業者提高投資管理的能力，大量重視研發能力及人才的培養，尤其針對未來的退休基金，公募型的退休金、社保基金、企業年金，希望這部分也能積極參與，讓中長期的資金來源得以和現有的公募基金橋接。

總括來看，這是中國發展基金管理行業的T型管理概念，橫向就是透過四大環節，縱向部分也做了很多專項子公司，包括深耕、合夥人制度、基金銷售子公司、境外資管子公司，專戶管理子公司，這是一個整合面大幅的開拓，這是著眼於未來的退休金，國際化，著眼於基金公司未來在資產管理領域扮演核心關鍵的角色。

在產品創新方面，中國希望接下來推動商品期貨基金、REITs基金、組合型基金，而這些中國在下一階段產品發展

的要點及品項，在台灣，許多資產管理公司已都有發行經驗，迎合中國在開放基金發展的同時，我們如何去面對這樣的機遇。

　　中國的法規宏觀面不斷地在開放，架設高速公路，與台灣主管機關的開放政策有著異曲同工之妙，而中國在產品開放的當下，台灣具有先入的優勢，許多產品發行都有若干的經驗，如何把握中國懺產品開放之際，迎合對台灣有利的趨勢，接下來就是基金業務的創新，基本上像互聯網金融，而最近台灣的主管機關也開放證券交割款得以透過轉介方式進入貨幣型基金，兩岸都在為了金融的開拓，期望針對下個階段開啟新的一頁。

（本文於2014年7月1日刊載於工商時報A10版，略有編修。）

1-06
從樂觀審慎到審慎樂觀

　　2014年原本預期全球政經局勢表現可望漸入佳境,許多成熟市場包括美國、日本、德國都重新回到傳統市場領漲的主流地位,在中東政經局勢相對安定下,2014年看起來是可抱以樂觀態度的一年,但美國前任FED主席柏南克在安然離任後,一般市場咸認的鴿派-葉倫主席走馬上任,其對於QE退場的動作讓全球緊繃神經,因為她的作風有可能不像市場預料的鴿派,美股也在去年揚升到一個階段後,隨著柏南奇卸任後也出現回檔修正;日本也因全球股匯市出現大幅變動而面臨回檔修正壓力,2014年股市是拉回整理還是出現結構性的轉變,現在可能必須修正原先非常樂觀以對今年的期待,不得不提高風險意識。

　　由於目前市場擔心熱錢自新興市場撤出,且近期阿根廷及土耳其出現短暫動盪,預料2014年應不至於重演1997年亞洲金融風暴或是2008年的全球金融風暴的情況,在心態上的轉折將由樂觀審慎轉為審慎樂觀,是2014年投資的不二心法,但在審慎之餘仍有樂觀的理由可關注。

全球股市自2008年後因利率低，因而出現資金行情，在具有基本面的國家，不論是政府的財政政策或貨幣政策都在股市榮景的驅使下，大力引領帶動民間消費抑或民間投資，但統計學上有個名詞稱為「中位數回歸」，其實美股不論在經濟成長表現及失業率現況都處於金融海嘯後期的療傷止痛階段，QE資金大量釋出加上利率維持低檔，讓美股有喘息空間，加上Apple、Google有引領市場的趨勢，但畢竟當股市上揚到一定階段後，勢必都會面臨回檔修正壓力，美國去年頻創新高，但美國經濟的表現包括政府財政赤字及國債是否還可以支持股市這般的榮景，當股市漲幅已大，所以出現了「中位數回歸」現象，若未來利率持續維持低檔，QE緩步退場，那股市修正在預期之中，但將來若利率政策改變，因而引發蝴蝶效應或連鎖效應，美股修正幅度就可能比預期大。

儘管對於股市2014年不能一廂情願地樂觀看待，QE雖不是靈丹妙藥但也不是洪水猛獸，在那時期經濟需要資金挹注，美國柏南奇任內多在驚滔駭浪中度過，但也交出一張亮麗的成績單，新接手的葉倫對利率、匯率以及財經政策看起來恐怕不一定是「蕭規曹隨」，QE現在退場的快慢及金額的多寡，都會牽一髮以撼全局。

事實上現在QE退場已吹皺一池春水，全球股市已又重

回處於高度連動，系統性風險亦趨於一致，股匯市連動性提高，這就是要提醒投資人在投資的判讀上，不能僅考慮少數的參數或因子，要從先前樂觀審慎改變為審慎樂觀，要提高審慎的心態及思維。

目前新興市場明顯出現資金流出現象，短期確有資金撤出的壓力。但根據國際金融研究所(International Institute of Finance,簡稱IIF)統計，至2013年，單是累計流入新興股市的非居民資金已逾6,000億美元，而樓市及匯市及其他資產更難統計，這些流入金融市場的熱錢，能統計的金額高達2兆美元，或可反映資金流入實體經濟的概況。因此短期新興市場的股匯雙跌，仍應持續觀察，但不必過於恐慌。

由於2014年以來包括成熟國家以及新興市場股市均出現可觀的回檔幅度，就資產配置角度來說，股市已經歷修正，估值回歸合理評價，當股市波動時資金亦會轉進債市，因此就現在來看，股債比的配置仍可維持七比三，而本波受到系統性風險而回檔，且跌深的新興市場股市，有些國家仍需觀察，但台灣經濟面轉佳，且台股距離先前高點還有一段路要走，以相對位置來看，可以考慮逢低布局，在台股修正的過程中，進場找尋買點，這也就呼應本人所提及在今年的投資需要審慎，但還是有樂觀的理由及條件進行相關合宜的布局。

　　另外，黃金雖然隨著美國QE退場而出現修正，但2014年在股債投資前景不甚明朗的情況下，近期黃金價位處於相對穩定的位置，不論在中國的黃金儲備或是民間買盤力量，以及原本黃金投機性賣盤的籌碼也已趨於乾淨，黃金價格相對於全球主要金礦商的生產成本950~1000美元，金價已來到合理價位，預料黃金將不會在後QE時代中缺席，黃金仍能穩固其歷史性的重要地位。

(本文於2014年2月8日刊載於工商時報A3版，略有編修。)

1-07
從中國互聯網金融
看台灣基金業機遇

　　2013年6月中國阿里巴巴旗下支付寶公司上線餘額寶，支付寶客戶可將其支付寶帳戶餘額透過餘額寶投資天弘增利寶貨幣基金獲取投資收益，並可使用貨幣基金份額進行網路消費，這項舉動使得天弘增利寶貨幣基金規模在11月中突破1,000億人民幣大關，成為中國基金史上首檔規模突破千億的基金，也是目前中國規模最大的基金。天弘基金公司這檔基金規模急速增長已帶給中國金融業為互聯網金融釋放的能量感到震撼，預料2013年底天弘基金公司管理資產規模將躋身前10大。

　　當E-Finance加上E-commerce可讓區域的金融業生態產生重大的改變，因為傳統的電子化，金融業將門市或分支機構，另行設立成網路銀行或網路券商，這是效率上的增進，與傳統模式並無太大的零和替代效果，可以相互並存，但畢竟它只是金流或是交易流，但今日若是可以和電子商務這般物流、人流能有效地結合在一起，它會形成一個巨大的改變。

以大陸的模式來說，從早先的第三方支付，到現在的餘額寶、招財寶，而支付寶原本只是第三方支付，僅是支付工具，現在還可以與E-Finance相結合，而當E(電子化)加上Finance與commerce能有效結合的情況下，從金流到之後衍生的商品設計將會有很大的改變。

舉例來說，若餘額寶的資金還是放在支付寶之下，能得到的現金活存收益僅1％，但若是轉到餘額寶，就可以增加至4％~5％，讓每個人的資金可以獲取增益；另一方面，它也可以和基金業者有效結合，大陸現在很多基金公司如大型基金公司華夏以及許多同業除了和阿里巴巴合作之外，還與騰訊、百度、百發等進行積極整合。我們的行業分布從傳統的有價證券到不動產投資信託，慢慢地也可以E-commerce，其實中國的互聯網金融也掀起了對傳統的金融業務模式，以及對亞洲金融交易模式帶來重大改變。

反觀台灣，2013年在政府機關的努力之下，已經將第三方支付的金流平台架構起來，是在E-commerce上的重大突破，但是將來若再將E-Finance加入進來的話，這樣就不會像之前讓金融業感覺第三方支付是剝離的，還是必須要有回流機制，日後就端賴有哪些多樣化的金融商品可以和第三方支付得以有效結合。

然而目前台灣大多數的投資理財多半是單向，並無共構

機制，較少回流機制，金融帳的逆差代表大多資金多流向海外，幾年前遺產稅的降低就是回流機制，而台灣有很多的投資工具，若資金投資在房地產，回流不易，且房地產變現程序有其一定的困難度，因此許多人透過REITs是間接投資房地產，但房地產與金融市場之間並不存在一個明顯的回流機制，相對的功能及平台較少，而當消費者進行網路購物，資金處於閒置，若資金無法回流與市場接軌的話，亦是枉然。

其實E-Finciance與E-commerce某種程度上是零和關係，但期望它是呈現競合或聚合關係，大陸並不是將支付寶的資金用以發展基金行業，基金業者是要讓投資者的權益可以間接受惠此交易模式，透過產業間整合讓市場更加蓬勃發展，何樂而不為。閒置金融資產能與各種不同工具有效結合，這無非是未來在產業發展上相當重要的課題。

(本文於2013年12月7日刊載於工商時報A3版，略有編修。)

1-08
從中港基金互認
看台灣投信發展新思維

　　上海自由貿易區於9月底正式掛牌，未來經濟總量將可望超越香港，香港政府為了要保有亞洲主要金融中心地位以及競爭優勢，必須仰賴新思維才會有新作為。而中港兩地2013年下半年在基金互相認可面向上已有重大突破，於《大陸與香港關於建立更緊密經貿關係的安排》（CEPA）在2013年底推行將滿10年前夕，於8月簽訂《CEPA補充協議10》，在中港基金互相承認議題上向前跨出一大步。

　　中港基金互認不外乎是希望在現行的QDII或RQFII交流方式下，進而提升至中港基金互相認可階段。而中港基金相互認可計畫若通過施行，香港的基金可在中國內地銷售，中國內地的基金可在香港銷售。而基金互相認可有很多基礎工程要進行，且因國家法源之差異，台灣是投信投顧法，中國是基金法，香港是單位信託法，基金監管各有不同，必須進行交叉比對，而且還需承認公告，這其中最重要也最在意的就是投資人保護以及資訊的揭露，目前中港已如火如荼地進行

且已接進尾聲。

　　其實2009年5月台灣與香港已有基金相互認可的基礎，當時兩地監管機構就ETF達成協議，於是隨後兩地ETF才得以跨境掛牌，台灣50ETF至香港交易所上市，台灣則發行了滬深300ETF在台灣集中市場掛牌，開啟了台灣投信業走出去、帶進來的歷史新頁。

　　在兩岸三地現有基礎上，台港已完成基金認可，若中國與香港也完成，那台灣在兩岸服貿協議的基礎或ECFA的簽署下，台灣的基金能否到中國銷售，中國的基金能否在合乎平等互惠的原則下來到台灣銷售，這應值得深思。而若不以現有框架為前提，可以考慮將中港基金互相認可的方式廣泛納入目前國內正在推動的自由經濟示範區，一方面可以呼應主管機會對於投信業者國際化的期許，並且在未來多元基金的交流下，台灣資產管理業者將得以迎來更寬廣的揮灑空間。

　　主管機關先前與投信業互動曾提到，投信業除了須確實兼顧內稽內控、遵循法規、風險管理等三面向之際，亦希望業者注重產品創新及國際化。產品創新有很大的彈性空間必需仰賴我國目前正由經建會推動的自由經濟示範區，目前有些法規現行適用台灣地區，有些是針對外國投資人，如證券

的OSU（國際證券業務分公司）、銀行OBU（國際金融業務分行），應該去思索在OSU及OBU的既有管道之下，如何在基金產品的設計、定價以及投資基金績效上滿足外國機構法人及外國投資人。最新的好消息是，完整的自由經濟示範區相關法規主管機關已表態可在11月底前出爐，OBU對外國人、外國企業銷售商品採負面表列，只要不涉及台幣部分，含大陸的基金等，OBU通通可以賣給外國人。

在上海自貿區針對外國人開放的平台之下，國內投信業應積極思考如何國際化，畢竟主管機關鼓勵業者進軍區域、邁向亞洲，像東協國家的商機，國內資產管理公司就應深刻把握。因為在大中華及東協的這兩大區域，台灣具有戰略性的重要地位，背向大中華又面向東協，若可依循過去的走出去、帶進來的寶貴經驗，在法規上有所突破，且台灣在自貿區有所做為，相信在某些程度上應可滿足主管機關對投信業者的期待。

主管機關除了期望投信業防弊還可興利，業者得以擴大更寬廣的發展空間，不管在人才養成、產品創新、技術創新、業務創新，上海自由貿易區的某些空間可以成為台灣走出去、帶進來的一個最佳交流平台。台灣目前大型投信公司與泰國、馬來西亞、越南等東協國家互動頻仍，在不陌生的基

礎之下，如何去落實更多的商機，如何在規模、產品、投資人客戶等方面，都能有效增長及發展，這對台灣未來資產管理業的發展，不啻是一個再次突破及邁向下一個里程碑的契機。

(本文於2013年10月12日刊載於工商時報A3版，略有編修。)

1-09
全球金融整合 台灣不能缺席

　　全球金融化整合的腳步，正不斷加快。2012年亞洲交易所要建立共同交易平台— ASEAN Trading Link，讓不同國家的掛牌商品，都可透過這個共同交易平台獲得交易機會，這個平台可望於近期推出，初期將由新加坡與馬來西亞交易所這兩個交易所進行串接，8月泰國也會加入，在三個交易所連結後，整合東協2.1兆美元市值資本市場的任務，便已完成三分之二，除了新加坡、馬來西亞和泰國外，印尼、菲律賓與越南（胡志明交易所與河內交易所），也將陸續加入此一平台。

　　除了ASEAN Trading Link之外，亞洲金融版圖區域化的進程也加速推進，就香港和新加坡來說，因應伊斯蘭經濟的崛起，這兩個地區在2010年前後，均大聲疾呼欲成為伊斯蘭金融中心，新加坡長久以來位居亞洲國際金融中心，擁有完備的法規與環境，雖然伊斯蘭教徒只占新加坡人口15％左右，但由於身處擁有眾多伊斯蘭教徒的印尼和馬來西亞之間，發展伊斯蘭金融佔盡先機。

除了新加坡之外，馬來西亞近年藉由整合區域伊斯蘭金融業務，在國際化也邁開大步。馬來西亞的伊斯蘭教教徒佔人口比例高達60％，為伊斯蘭金融提供堅實的基礎。由於伊斯蘭金融受到嚴格的伊斯蘭教教義規範，為有效發展伊斯蘭金融，1983年馬來西亞國會通過伊斯蘭銀行法令，成立馬來西亞伊斯蘭銀行公司，也修訂金融法規使傳統商業銀行可進行伊斯蘭金融業務。馬來西亞政府並修改外資法規，允許伊斯蘭銀行可以100％由外資所擁有，完成伊斯蘭金融的法規體系。馬來西亞是「無利息」金融體制最發達國家，也是全球伊斯蘭債券（Sukok）的發行與交易中心。

除了新加坡與馬來西亞的伊斯蘭商機，大中華經濟圈的前景也日益光明。香港近年受惠於大中華市場的成長，在國際金融市場的份量日益提升。香港原本即為亞洲金融重鎮，這幾年由於與中國CEPA的簽訂，受惠於中港金融業務的逐步開放，中國投資海外的QDII資金，幾乎均會選擇香港作為轉口地，再加上中國亦將香港定位為境外人民幣結算中心，RQFII的金流也薈萃於香港，在可預見的將來，香港的地位欲小不易。

歐美近年雖身陷歐債危機與經濟衰退泥淖，但金融整合的力量依舊驚人。歐美金融整合最好的範例當屬歐盟，歐盟早在2001年便通過UCITS（Undertakings for Collective Investment in Transferable Securities，可轉讓證券集合投資計劃），讓歐洲在開放式基金的管理與銷售一致化，有效降低交易成本，並更完整的保障跨境投資人的利益，現在歐洲超過80％以上的基金都是屬於UCITS認可發行的商品，歐盟各國基金業者只要在歐盟內的任何一個國家發行符合UCITS規範的商品，即可在歐盟全境進行銷售，擴大了歐洲區域的經濟整合與金融業者的市場。

就台灣來說，國內近幾年開放境外基金發行，固然讓台灣投資人選擇相形增多，但實際上對國內基金業者之業務機會不免仍有所衝擊。因此，面臨全球化的金融開放與整合如火如荼展開，期待主管當局在金融整合上能大刀闊斧，為台灣資產管理業未來的發展開啟一條大道。

因應全球發展趨勢，建議主管機關可嘗試推動大中華經濟圈的金融整合，近期人民幣國際化的進程，讓中港台三地的金融交易市場成為可能。目前中國先後開放RQFII（人民幣合格境外機構投資者）與QDII（合格境內機構投資者）等投資與資金進出管道，再加上台灣金融業者先後取得QFII（合格境外機構投資者）額度，未來中港台三地初步可藉由QDII、RQFII與QFII等途徑，建構兩岸三地的金融產品平台。近期主管機關已表明，未來可能開放國內證券業者從事A股複委託業務，屆時投資人的選擇與相關業務規模可望進一步擴大。

(本文於2012年7月7日刊載於工商時報A3版，略有編修。)

1-10
台灣基金市場競爭力 直追星、港

　　台灣近10年公募基金規模由2002年的2兆1182億元，減少為2012年4月底的1兆8058億元，減幅14.75％；不過，最令人擔憂的是代表基金市場人氣的受益權單位數，已由1817億份減少為1374億份，減幅達24.38％，受益權單位數減幅高於規模減幅，顯示台灣公募基金市場人氣近十年不進反退，相當令人憂心。而台灣公募基金規模佔GDP的占比與韓國相當，約在GDP的35％左右，但與日本的60％以及香港的110％，仍有明顯的成長空間。目前台灣基金業遭遇著境外基金競爭、全球經濟衰退、產品創新有限與過往投資經驗不佳等因素的挑戰，成長仍有相當大的阻力。

　　台灣自2006年開放境外基金，到2012年3月底止，短短六年之間，境外基金數量已經是境內基金的2倍之多，規模更較境內基金多了四分之一。放眼亞洲主要國家，中國、南韓與日本市場規模均較台灣為大，但對境外基金的開放程度均相對有限；就開放程度來説，台灣基金市場競爭強度直追香港與新加坡等國際金融中心，國內基金業者生機日蹙。

其實台灣境內外基金市場均有明顯集中化的跡象，就境外基金來說，前五大境外基金市佔率超過六成；而境內基金前十大基金公司的市佔率，由2009年年底的65.6％增加為2012年4月的67.5％，尤其是集團力量日益彰顯的情況相當鮮明，近兩年資產管理的規模增長超過100億元的投信公司，背後大多均有集團的影子。

　　另一方面，相較於公募基金，退休委外代操商機持續穩健成長，自2006年到2011年年底，政府委外代操業務由5452億元成長為9769億元，增長幅度達79％，為近年基金業成長最明顯的板塊。退休理財可提供資產管理業穩定且大量的金流，堪稱是基金業的核心商機；以香港為例，香港強積金於10年間，資產規模就成長高達10倍，為香港當地資產管理業者提供巨大的商業機會，台灣基金業亦應精研絕對報酬技術，提出退休資產管理解決方案。

　　就發行面來看，近三年國內投信每年IPO基金達40檔以上，每年募集金額達1600億元左右，但除了2009年規模因市場回溫增長，其餘數年基金市場規模仍持續萎縮。就台灣目前市場環境來說，市場已少有產品發行的空白場域，因此基金IPO為防守策略，而非進攻策略；失敗的IPO不但增加發行成本，募集規模也會緩步下滑，績效若不佳，更可能進一步傷害品牌，因此投信業者在進行IPO時，應格外謹慎為宜。

　　再就行銷面來看，傳統的基金業務模式大多集中在新基金的募集，偶爾搭配舊基金銷售，其業務營運模式破碎且不連貫，無法創造累積綜效。為有效拓展基金市場，國內投信應指派優秀同仁擔任PM，作為新舊產品以及差異性產品與舊基金產品之間的節點，以有效協調並統合各檔基金產品之間的行銷節奏與動能，如此才能有效累積業務的持續性，創造規模的堆疊效果。

　　目前中國基金市場規模為台灣5倍，在兩岸ECFA生效之後，各家投信莫不把中國市場視為首要業務目標，不過就目前中國市場現況觀察，台灣基金業者要想在中國立足，挑戰遠遠大於機會，除應有清楚的中國策略之外，亦應有虧損與長期抗戰的準備，點、線、面由近至遠開展中國版圖。

　　最後要提及的是，近年由於大中華資產管理市場整合程度提高，台灣須慎防人才磁吸效應，台灣目前國際化程度落後於香港，市場規模方面遜於中國，在兩岸三地人才爭奪戰相形弱勢。儘管台灣基金業面臨巨大的艱難挑戰，不過，由於近年來兩岸三地金融交流日益頻繁，ECFA與CEPA的簽訂，以及QFII、QDII與RQFII的推出，中港台基金平台的構建與串接已成為可能，台灣基金市場的競爭強度已直追香港與新加坡，預料未來發展仍指日可待。

（本文於2012年6月9日刊載於工商時報A3版，略有編修。）

2 台股進入
新常態
投資新戰略

2-01
新兩岸關係下的台股
未來發展態勢

　　台股於2016年4月出現大漲一波後，5月外資明顯出現賣超動作，當時市場揣測反映對520新政府上台後兩岸關係變化上的疑慮，但520後的第一個交易日，外資終結連續10多天賣超，台股從520前的8100點附近一路向上推高，10月甚至再創下2016年台股高點。事實上，政黨輪替後可能讓兩岸關係產生不同局面，也會影響台股產生不同的樣態與面貌，致投資人也必須要有新的思維來因應。

　　兩岸關係既不是靈丹妙藥也不會是洪水猛獸，外資投資台股可能不是因為台股基本面相對較好，而外資將資金撤出，一部分可能是先行獲利了結，當然也可能是有其他用途，而非單一因素。很多行情的變化分成短中長期，外資並非只關注單一因素、非單一觀點，影響台股樣態也不是只有兩岸關係，還包括稅制、金融政策、產業結構的調整，以及個別企業的全球佈局及發展表現等因素。

　　其實外資分短中長期投資且操作靈活，在新舊政府交替時，短投部位可能退場觀望規避短期風險。但台股還有大量長期投資的外資，也會有避險動作，顯見外資雖然部分減碼但核心部位仍在。在短期的不確定因素已經逐漸去化與淡化後，台股的投資結構是否會出現質變和量變，也端賴新政府所提出的經濟發展策略和產業發展策略。

　　而新政府為提振經濟，促進民間投資，讓目前投資負成長能轉為正成長，2016年國發會提出三大策略，將以國發基金向銀行融資新台幣1,000億元，設產業創新轉型基金，導引企業投資；二、設立國家級投資貿易公司，配合南向政策，創造貿易及投資機會；三、推動綠能、生技等五大創新產業，這些產業的共通性就是有內需的涵量，有在地化的特色，希望促成民間投資的機會。

　　2016年中我到香港時發現陸客到香港明顯變少，導致消費、零售、觀光等行業受到影響，但也避免了大量陸客觀光團所帶來的邊際摩擦成本，台灣在2016年也出現類似情況，因此當陸客不來台灣以後，台灣也許可以從另外一個角度去思考，爭取高端的大陸自來客，以及將台灣旅遊的精緻面向推廣到歐美，或是東南亞國家或是其他的亞洲國家，進而改善結構。

　　兩岸關係的發展必定有其政治的脈絡，這為勢所難免，但就經濟實質面和投資本質來看，兩岸關係將會為台灣的證券市場帶來新的開始，一個新的思維和新頁，這也是證所稅事件結束之後的一個新的開始，未來台股仍是唯量是問，希望投資人可以更支持台股，未來如何提升成交量能將是相當重要的課題；而台股從整體產業結構的本質面來看，政府對新興行業及新興產業的支持，以及國人對產業經驗發展的新認識和新體會，預料台股將從此邁向嶄新格局與方向。

(本文於2016年6月4日刊載於工商時報A3版，略有編修。)

2-02
迎接產業發展革新的首道曙光

　　2016年台灣再次出現政黨輪替，新政府上任後預計設立類主權基金投資五大創新產業，包括生技醫療、綠能科技、物聯網、智慧機械、國防產業等，在新政府即將上任之前，台灣產業的發展藍圖已清晰可見，即使近期生技股的調查事件尚未落幕，但也已經引起各方高度的重視，相信這類產業的未來發展透明度將更高，在整個產業發展的藍圖儼然成形，預估中長期台股分布將有可能走出以往電子獨大的局面，走向多元、專業、分工、國際的發展藍圖，與未來的民生及投資市場更緊密地連結，在此儼然已經看到台灣產業未來發展革新的第一道曙光即將來臨。

　　由於過去投資意識太過於重視投資價值，如本益比(PE)與每股獲利(EPS)的高低，但其實未來應該更加重視投資的意義和投資本質，其中投資本質勢必會讓國家未來的發展更加重視產業的未來性，過去電子產業很多都是外銷出口為導向，台灣部分僅以負責接單、研發為主，這個部分帶來台灣經濟發展的第一桶金及台灣早先發展必要的資源。但下一個

世代屬於新的產業政策，台灣要迎向一個更先進的未來，更嶄新的資本市場，就必須在產業結構上發展與其他國家更與眾不同的配置，看得出來新政府的產業政策較鄰近國家更具備未來發展的藍圖及投射的意義。

而在此際，元大投信已編制了「前瞻產業指數」，連結台灣產業中具技術能力及政策優勢的趨勢型產業，這五大產業對台灣產業及股市投資均有其發展性。以堆柴理論與聚落化來說，讓五大產業堆砌出台灣的新願景，堆柴理論指的是政府手中握有很多木柴(政策工具)，如果一根一根燒，柴燒完了，火還是旺不起來，因此應先把柴架好、堆好，再去點火，這樣一來火就燒得旺，而這個『堆柴』，就是五大產業。這五大創新研發展產業一是符合全球市場的未來潮流，二是符合台灣下個世代的需要，更重要的是這些都是台灣已具有基礎的產業。

至於聚落化，就是五項創新研發產業聚落的打造，讓北中南達到區域平衡，包括綠能研發中心、國防產業聚落、以物聯網及智慧產品產業為主的『亞洲矽谷計畫』、線狀型態的『生技產業聚落』、智慧精密機械聚落。而「2025非核家園」是發展綠能產業很重要的一環，包括產能、儲能以及節能，其中太陽能及風力為台灣未來再生能源的核心，預計2016至2030年太陽能電及離岸風電投資額分別為4800億元

及6700億元。

　　以數字的觀念來看五大產業的投資價值，「前瞻產業指數」的營收成長率、EPS成長率、股東權益報酬率、營業利益率相較於上市櫃的平均來說，均具有一些優勢，其中營收成長率達21.9％，EPS成長率達15.4％以上，股東權益報酬率約12.7％，營業利益率達9％。因此從「前瞻產業指數」來看，對接台灣未來的資本市場，已經發展出新的指標和新的意義，也讓我們對整個產業發展的藍圖有更充分的信心。

(本文於2016年3月12日刊載於工商時報A3版，略有編修。)

2-03
股市新常態vs行動的勇氣

　　全球關注美國FED升息議題，終於在2015年12月啟動第一次升息，將利率調升1碼，至0.25％到0.50％，然而於此同時，卻發生知名投資人惠特曼（Martin Whitman）創辦的第三大道管理公司（Third AvenueManagement），旗下的高收益債基金第三大道聚焦信用基金卻進行清算，並禁止投資人贖回，成為2008年以來進行清算的最大規模共同基金，當時更造成市場資金大舉自高收益債市場撤出。

　　美國FED前任主席柏南奇（Ben Bernanke）2016年出版了一本新書，書籍名稱為《行動的勇氣》，其中有一些重要觀點希望分享給讀者，美國處於尷尬的境地，因為美國是第一個啟動升息的國家，相較之下，中國、歐洲、日本都還在進行降准、擴大貨幣寬鬆政策，更因為市場從2014年即開始預期美國將升息，推動美元從2014年中以來開始走強，2016年使美元指數持續維持相對高檔水位。

　　2015年油價受到頁岩油生產造成供給過剩，中東局勢的問題等影響而大跌，油價下跌更吹皺了另一池春水，那就

是高收益債，全球有很多高收益債與能源類股有關，油價走跌，引發能源與原物料廠商企業債務違約家數攀升，影響高收益債表現，並引發資金流出；但隨著油價在2016年展開反彈，高收益債的危機暫時解除。

美國經濟活動以溫和速度擴張，且繼續改善，勞動資源低利用率已消失，且通貨膨脹率近期出現回升，2016年美國升息時程不斷延後，資金充沛下帶動美股創下歷史新高，而預期美國聯準會2016年底仍再度升息機率相對高，這對未來全球總體經濟、全球金融市場，包括新興市場以及利率動向，都可能再度牽動資金挪移而對市場造成影響；此外，更需留意近期歐洲央行開始釋出可能結束擴大貨幣寬鬆政策，未來動向也將影響全球市場資金動能。

就中國股市格局來看，2016年年初因鎔斷機制大跌後，持續呈現區間盤整格局，上有鍋蓋、下有鐵板，，但延續一帶一路、十三五計畫的政策推行，股市較大的可能走勢較傾向於區間震盪，畢竟中國的新常態是屬於比較溫和的增長，股市也即將進入新常態，惟2016年底可觀察中國政府宣布啟動深港通，正式開通之後是否再度複製2014年11月滬港通正式開通後所帶動的股市行情。

台股2015年下半年受到國際情勢、以及總統大選不確定因素干擾下，股市表現疲弱，但2016年在美國升息時程

延後，資金重新回流新興市場趨勢帶動，使得2016年台股表現出乎市場意料之外。總結來說，儘管未來市場仍詭譎多變，但投資人應有面對市場轉折的應變能力，須要有「行動的勇氣」。

（本文於2015年12月19日刊載於工商時報A3版，略有編修。）

2-04
不確定因子消除
台股應站回合理價位

　　2015年發生舉世震驚的法國巴黎恐怖攻擊事件，一般而言，恐怖攻擊事件通常都會影響原本金融市場已經發展的方向與秩序，如外匯市場中美元一直是市場認為最佳資金避險工具，當時日圓兌美元一度貶值到123，歐元兌美元也貶值到1.06，美元表現一枝獨秀。

　　就外匯市場而言，當美國經濟表現差，可能致使美元走弱的時候，若歐洲經濟表現更差，則可能美元還是有機會表現相對強，尤其若發生國際重大變數，使得大量的避險資金湧入美元資產，將推升美元走強。

　　當法國巴黎發生恐怖攻擊事件之後，美國的公債期貨持續飆高，當時推估假使美國升息腳步也放緩，那麼2016年全球總體經濟的結構和格局，表現將可能和原先推估的有所不同。而2016年也可能面臨到已開發國家或是西方文明國家與伊斯蘭國形成兩軍對峙，相互對抗。

可以想見的是，在巴黎恐怖攻擊事件後，可能讓2016年全球總體經濟，包括金融市場發展的秩序，都會進入到另外一個階段及型態，這個必須更加審慎因應。至於聯準會升息後的時代，將悄然轉變成巴黎恐攻事件後金融市場的新秩序，以及總體經濟可能轉變的新格局。

再回到台灣來看，2016年1月舉行總統大選，加上MSCI持續調降台股權重，若再加上恐攻事件，都使市場氣氛轉趨保守，但幸好預估台灣2016年經濟將比2015年為佳，證所稅已經立法院三讀通過廢除，台股2016年在許多不確定因素逐漸去化之下，投資人不需對行情過度擔憂，於台股拉回的過程中，可以適度地找尋買點，進行逢低布局。隨著內外部許多不確定的因素消除過後，大盤理應站回其合理價位。

由於往年第四季到隔年第一季，台股因季節性使然，於此都是行情向好的時點，這段期間台股因為外部的系統風險，造成盤勢下挫，投資人不需過度悲觀，可以抱持較為正面的態度，而在台股拉回造就的進場買點下，權值股尤其是台灣50ETF，建議可以逢低買進，如果台股反覆測試8000點整數關卡，在逢低反彈預期操作的情況下，可以積極性布局T50正2ETF。

　　同時，若台股在下跌的過程中較無回頭的跡象，手中有很多台股現貨部位的投資人，建議可以操作T50反1ETF，以進行下檔風險的對沖或策略，因此，目前台灣在金融市場的多空布局和發展，行情的波動都應該可以協助投資人帶來解決方案，投資人也切勿驚恐，因為倘若可以適時地將手中的操作工具進行有效的配置，都可以在多空市場中安穩度過。

(本文撰寫於2015年11月19日，略有編修。)

2-05
油價反彈在望
台股投資格局洗牌

　　2015年初國際「黑天鵝」事件頻傳，油價就猶如自由落體般滑落，但從2015年各家國際機構的預測來看，其實油價的估值並不如大家想像中來得悲觀，現在的問題是原油需求不差，但供給過剩，在油價重挫之後，現在應該思考在油價快速崩跌的過程後，是否已經反映完畢。

　　油價2015年的走勢展望應該比現在樂觀，之前油價下滑的速度太快、幅度太深，並非意味原油供需與價格趨勢已有結構性的改變，且在跌無可跌的情況下，油價將可望先行止穩，短期先出現技術性反彈，中長期回到一定的合理價位，且在油價跌到滿足點之後，投資人應該調整心態來面對；而對於台股中與油價連動較高的類股，不論是受惠或受害族群，更應重新思考投資變通的思維。

　　國際原油價格自2014年6月高點拉回逾50％，主要是由於政治議題與價格戰雙重因素衝擊，在政治議題方面，美國希望藉由拉低油價以打擊產油大國俄羅斯之收入，另外在價

格戰方面，OPEC則期待藉由壓低國際原油價格，以壓縮美國頁岩油者生存空間，以維持其市佔率，在政治與價格戰雙重因素交雜之下，原油價格欲振乏力，西德州原油與布蘭特原油每桶50美元大關已近在咫尺。

原油價格大跌，固然有效降低廠商運營與民眾生活成本，不過就原油供需與全球金融市場環境觀之，我認為本次原油下跌，僅為短期修正，並非意味原油供需與價格趨勢已有結構性的改變，油價在低檔盤旋的時間其實並不會太長，投資人應敏銳掌握油價的轉折點，在個人資產配置與投資布局上迅速因應之。

首先，就原油供需面進行分析，根據美國能源情報署(EIA)預測，雖然2015年前三季全球原油仍呈現供過於求的狀態，但隨著全球經濟快速加溫，2015年第四季起，全球原油需求達9292萬桶，將會超越供給9287萬桶，呈現小幅供不應求的狀況，長線需求看多。就供給面觀察，在OPEC打壓下，美國頁岩油廠商已有七成陷入虧損的困局，擴產計畫開始延宕，美國原油產量可望於未來三至六個月逐步下滑，供需的微妙變化，亦有助於原油價格止穩回升。

因此，若深入分析全球原油後續走勢，預估原油2015年第一季不排除仍有低點，西德州原油與布蘭特原油均有可能跌破50美元大關，不過下檔空間已相對有限，油價可望

在45~50美元之間築底，第一季將為油價低點，第二季開始緩步回升，第三季配合原油傳統旺季，表現應相對可觀。目前各大投資銀行及相關研究機構對於2015年布蘭特原油價格預測介於70~85美元/桶，預測平均值約為76美元/桶，看來對於油價2015年展望處於較為均衡的局面，目前過低的國際原油價格反而提供投資人逢低分批進場的良機。

眾所周知，油價太高會有通膨，油價太低會有通縮，若短期間許多國家達成政治目的手段後，中長期油價仍將回到一個合理的價格，止跌回升視為必然，所以對於2015年油價的展望並不需要悲觀，縱使油價不會短時間大舉彈升，但現在對於受惠於油價下跌的受惠股，投資人在追高的過程中已經需要提高警覺，因油價跌勢已反應得差不多，而先前因油價下跌的受害股，此時已經可以準備逢低進場布局，例如塑化、太陽能等族群。

(本文於2015年1月10日刊載於工商時報A3版，略有編修。)

2-06
打通任督二脈 台股才能揚升

　　主管機關2015年公布「股市揚升計畫」，內容總計8項策略、15大措施，最大變革是將漲跌幅由現行7％放寬至10％，藉以激勵台股成交量，並與國際市場接軌。而台股要揚升，必須打通任督二脈，這分成機制面、交易面、創新面、多元化等層面，台股的波動在漲跌幅上面是一個上下關係，相關的產品能夠持續從上游到下游供應，包括ETF以及ETF連結的權證，橫向部分就是與其他資本市場的連結，包括台星通、台日通，這是一個資本市場的重大且龐大的改革計畫。

　　而在打通任督二脈的過程中，除了要有優良的上市公司標的之外，不外乎在資金的動能，投資者的參與，市場的監理，國際化的連結，這些都是缺一不可；同時也包括投資者的教育，投資者的保護，監管機關2015年所做的投入及努力絕對會對未來台股的發展產生質變和量變。

　　台股在過去20年的資本市場進程中，是由電子公司、出口導向、代工產業主導，偏低的毛利率，但具有一定的經濟規模，但國內較欠缺可投資商品，且投資處於高度集中化

。但近10年來隨著財富管理的風行，國際資本市場的競爭加劇，以及新興鄰近中國的崛起，都讓台股受到了排擠，而這10年來台股不是投資者單一的選擇，在動能慢慢地被稀釋之下，台股市場在發展上處於較牛步化，不管是市場的成交量、市值的增長、投資者的教育、市場的波動，投資的吸引度較為不足。

雖然目前台灣的大環境仍有許多改善的空間，但台股過去3年，企業獲利不斷地提升，以往較為纖弱的金融業獲利2014年更創下佳績，像本國銀行2014年經營績效不論在獲利金額、資產報酬率(ROA)、淨值酬率(ROE)都創下新高紀錄，且企業分紅，配發股息都漸提高，公司在經過過去20年產業結構的調整下，仍有很多優質公司得以屹立不搖，甚至還有以創新卓越的公司更成為市場的股王、股后。

當台股價值之所以沒有被彰顯、該有的活力沒有展現，這就好比人的心臟血管堵塞一樣，因而在運作的能量和功率方面顯得比過去較為緩慢，而在徹底檢查台股現在的狀況，並祭出揚升專案之後，可望先針對較為血管較為堵塞，窒礙難行的方面進行短期的改善，至於中長期台股體質的調養或調整，可以透過創新產品、創新機制來加持，包括市場多元的化服務，法規的突破及開放，以及上下游產品和周邊市場的連結，以讓台股真正的生命力重新復原。

於此當下，台股不會是投資者唯一的選擇，但肯定將會是投資者一個很重要的選擇。過去的台股被零和掉，投資者認為台股投資報酬率偏低，不若海外市場，過去的大時空背景投資者目光聚焦在金磚四國、乃至於歐美股市，但近幾年台股企業獲利轉佳，主管機關大力推動激勵台股方案，就是想改造台股的體質，而台股曾經發生質變和量變，現在投資價值浮現，預期台股行情仍將大有可為。

其實主管機關的「股市揚升計畫」是將台股具備的優勢進行一個垂直整合，我們不斷地有股票掛牌、有不同類型的股票，檔數相當眾多，有了股票就有指數，有了指數就會有ETF，有了ETF就會發展權證，發展個股期貨、發展結構型商品，這些產品到後來都是去連結原生的股票，市場商品的多元化發展必是相輔相成，但是一個股票的投資若要擴及到避險、價差，投資人想要多元化的運用策略，就必須要有相關周邊的配套，這次主管機關及其周邊單位全部動起來，關鍵產品不斷地推陳出新，像ETF個股期貨持續推出，推動基金交易平台，這些到頭來都可以挹注到原生的股票，唯有不斷發行新種商品、創新交易機制，提供靈活交易工具，才能讓投資者達到完善投資布局的境界。

(本文於2015年2月7日刊載於工商時報A3版，略有編修。)

2-07
美國升息在即 投資臨界值浮現

　　美國2015年2月新增非農就業人數29.5萬人，大幅超出市場預期的23.5萬人，美國非農就業人口連續12個月增幅在20萬人以上，為逾10年來最強勁的升勢，在酷寒氣候可能影響美國市場情況下，仍得以保持增長，提振了市場對於美國經濟的信心，也對美國聯準會在2015年升息的預期更加強烈，而美國非農就業數據大增代表經濟狀況轉佳，更預示提高利率時點即將到來。

　　正因為美國非農就業數據比市場預期為佳，景氣比預期來得熱，加快升息疑慮，儘管先前美國聯準會對升息的腳步較為緩慢，但此次看來經濟回溫已來到一個相對的臨界值，股市亦來到臨界值，因此投資人必須謹慎小心日後盤勢的變化。

　　美國一旦升息，美元勢必走強，平添全球金融市場的不確定性，相較於美元以外的金融商品，像黃金近期就出現了

回檔，歐股、亞股、債市、匯市可能最近會出現較大的波盪。在此前提之下，看來黑天鵝很有可能會出現，但其實對於黑天鵝不需特別害怕，因為在全球佈局或是多元資產布局的過程中，本來就可有效降低因黑天鵝所帶來的衝擊，但是在股市的發展歷程中，它不會在單向方面持續太久，過熱或過高，就原理來看，也有不無修正的可能，這次股市以美股為首，債市又到達一個相對高點，這般股市齊揚局面，加上美國、歐洲、日本、中國等各版本的量化寬鬆政策施行，看來經濟正處於一個不對秤的環境中。

　　嚴格來說，希望經濟變好就去刺激股市，等到經濟變好又擔心股市過熱，這本來就是一個市場的機制，接下來對於股市的投資與發展，台灣的投資人必須留意的是，原本習慣的投資方式和邏輯，可能需要順勢進行調整，尤其是幅已高的地區或資產類別，因為比較容易受到黑天鵝這般不可預期的衝擊，最近美國如果還是深陷升息的短暫影響，美股勢必進行修正，利率若走高，債市也會進行若干修正，而修正未嘗不是提供了重新評價投資的思考關鍵點，畢竟漲多必拉回，跌深必反彈，有的國內外資金亦會從資金布局的角度去看市場的投資價值。

　　而台灣在2015年農曆年前和年後，很多投資人仍抱持

以往謹慎觀望的心態，而2015年我們發現一股力量，就是外資持續買超台股，根本因素是來自於去年台灣強勁表現的GDP，以及企業盈餘的年增率大幅成長，但是台股的動能、成交量以及接受市場的關注程度已經一年不如一年，但是外資環伺了全球布局之後，發現台股具有其一定的投資價值，而這股價值在認定上以前國內投資人較偏愛海外投資，反而對於台股投資價值浮現的敏銳度較低，台股未來如何轉骨，值得重視。

而已然發生的股市的臨界值，已由許多現狀可以得知，陸股本次降息後的表現已不如2014年底那波勢，陸股已經進入盤整修正階段，美股則受到即將升息的影響，其他國家包括歐洲、日本，雖然短期因施行量化寬鬆，短期股市稍有表現，但未來仍須關注其經濟成長的實質表現。

外資此際持續買超台股，且幾家外資機構對於台股今年指數點位，多估計看到萬點以上，伴隨最近主管機關對於台股成交量、交易制度、市場活化都提供了非常多的積極措施，今年台灣總體經濟表現仍持續突出，加上企業獲利成長，對於台股今年的投資反而不需受限於過去國際政經情勢的影響，譬如像美股不好是否拖累台股，投資人可以在黑天鵝的衝擊下，反而可以正面觀之。

　　全球股市已來到臨界值，引發黑天鵝可能現蹤，但黑天鵝就算來到，對於台股投資人來說，反而更是一個進場逢低布局的時點，因為政府作多台股，經濟基本面不錯，企業盈餘攀升，外資買超台股，若再加上外部投資環境的調整，台股仍有利多機會相隨，預期2015年表現必不寂寞。

(本文於2015年3月14日刊載於工商時報A3版，略有編修。)

2-08
不要忽略眼前的玫瑰

　　台股目前是反應未來可能的「台滬通」或「台港通」的資金預期行情，相較於H股對於A股的落後補漲，整體資金動能的效應，讓區域的外資認為台股絕對有這樣的本錢和條件進行落後補漲，這是繼滬港通、深港通之後，從大陸到香港，市場對台股的Re-rating，也期望台股站上萬點關卡的位置。

　　除了短期的題材之外，重點還是來自於台股本身的企業獲利，在兩岸三地的配息水準仍具有相對優勢的基本面利多，加上這2、3年台灣經濟成長率也相當穩定，陸股及港股已先走了一波行情，在市場資金方面，內資在這大半年多是追捧陸股或陸股ETF，像陸股ETF的成交比重節節高升就可得知；另就複委託數據觀之，2015年3月複委託總金額達1,693.73億元，創下2015年第一季單月新高紀錄，累計1~3月總金額達到4,328.83億元，可以得知陸股近期表現衝高，對資金形成吸金效應。

　　內資已意識到台股在此階段，指數將會有所表態，在其

他市場逢高也出現了獲利了結的情況，將目標拉回到台股；其次，外資在區域的部分，因許多股市已頻創新高，外資也將目光拉回到台股，與其眺望天邊的彩霞，但眼前的玫瑰更顯亮麗。

其實資金回流台股，看起來已是大勢所趨，從外資的角度來看，區域的布局也到了一個階段，區域的日韓股市都已創下新高，加上陸港股這半年來也已上揚至高點的相對位置。就外資的評價方面，台灣在過去這2年不論是總體經濟的表現，企業的獲利或是產業的競爭力的表現，讓這波外資資金持續挹注台股，不斷地加碼，台股在指數表現上都攀高至萬點之上，在外資對台股深具信心的前提之下，許多內資以前都覺得天邊的彩霞比較具吸引力，而陸股的瘋狗浪，港股較陸股折價3成所創造出來的大媽效應，或是透過滬港通、深港通所帶來的區域鏈結，台股近期對內資來說也到了一個相對可投資的轉折點。

台股本波行情幾乎是內外資競相投入，短期間形成充沛的資金行情，台股屬於落後補漲，而台股以往在基本面相對具於優勢的情況下，指數一直未被反應其該有的投資價值，但台股未來仍有機會向上攻堅、站穩萬點，而台股下一個要做的工作重點就是持續地進行脫胎換骨，意思就是說，除了持續加強資本市場、證券市場的開放與改革，包括稅法之外

，更要加大力度與區域的連結，因為連結才能夠吸引資金來到台灣。

當下很多人可能會擔心會加速台灣資金的外移，但殊不知其實這幾年在某個程度而言，許多資金都已經外移，現在更需要的是給予他們更優惠的措施或條件，以重回台股的懷抱，畢竟終究來說，天邊的彩霞即使美麗，但眼前的玫瑰也不容許被忽略。

由於台股已來到相對高點的位置，投資人對於部位的管理相當重要，如果投資的部位在指數上升的過程中，逆勢操作，部位暫時無須減碼；但為避免指數拉回修正整理，因幅過大可能會有高檔震盪或拉回風險，建議可以運用台灣50反向1倍ETF進行高檔的避險。

若本波軋到空手的投資人，或是來不及上車的投資人，但又擔心有追高的風險，希望於台股拉回之際想搶反彈，建議可布局台灣50正向2倍ETF；簡單來說，槓桿ETF不是多頭才進行操作，反向ETF不是空頭的時候才介入，因此建議在台股已來到相對位置的同時，應該做好更完善的投資部位管理，以因應行情多空的變化，達到持盈保泰的目的。

(本文於2015年5月9日刊載於工商時報A3版，略有編修。)

2-09
中港基金互認 台股短期震盪難免

　　2015年5月下旬中國證監會與香港證監會就兩地基金互認簽署《關於大陸與香港基金互認安排的監管合作備忘錄》，同時發布《香港互認基金管理暫行規定》，將自7/1起施行，這是繼滬港通、深港通之後，中國資本市場再次和香港進行更緊密的結合。

　　這次中港資本市場的再次結合，緣由嚴格來說，中國先將金流也就是人民幣離岸中心先布建完成，在亞洲有香港、新加坡、南韓，歐洲有德國及法國，在此佈建完成後，滬港通及深港通就是交易流，延續下來的中港基金互認，那就是產品流。

　　中港基金互認是中國完成資本市場國際化的第三部曲，第一部曲就是人民幣離岸中心，第二部曲是證券市場透過滬港通及深港通，跳脫過去以QFII或RQFII進行額度的控管，在兩大基礎架構完成之後，就需要透過中港基金互認，將來會有更多機構將更好的基金產品，在人才方面及市場拓展、客戶服務方面，借道香港或取道香港直接進入中國，在此前提

下，中國的基金會透過香港這個亞太平台、門戶而走向世界，必將改變過去全球的基金市場生態，這也肯定是中國未來在經濟崛起、國際化改造的過程。

第四個是資訊流，富時先禮貌性地將中國A股納入新興市場，但這指數目前未被市場追蹤，6月9日的重頭戲就是MSCI是否將中國納入新興市場，如果中國的任督二脈都打通了，包括交易流、資訊流、產品流，所有投資的媒介及憑藉，若中國被認可納入新興市場，所有中國對接的不論是基金、產品及訊息都會做一個總結。

中港基金的互認對台灣的威脅想必只有更大，目前看來台港通沒有實現的空間，台滬通實施難度更高，若中港基金互認完成，以目前的滬港通、深港通、QFII、RQFII，台灣的投資人都有借道香港直接進入中國，中長期在資本市場的動能方面，絕對將有排擠的效果。

於此同時，台股在一些結構面上也必須打通任督二脈，當台股探討是要走台滬通或台港通的前提下，須先解決台灣資本市場結構性的問題，譬如像目前的當日沖銷，漲跌幅的限制及更多產品的發行，是否能讓限制更少；以台股的角色而言，必須將交易機制及結構面與全球接軌，在2015年6月放寬跌幅限制為10％上路之後，台股未來的波動勢必加大，一般咸認對散戶的投資下檔風險更大，但相對的上檔收益

也可能更高。

以南韓來說，股市跌幅限制已放寬為30％，更何況還有很多主流市場以及在台灣掛牌的陸股ETF亦無跌幅限制，台灣每年的複委託金額更高達1兆元，投資人對於國際規定及交易現象多已有經驗，但市場仍需進行更多的教育訓練和推廣才是，台股若想擁有世界競爭優勢，台股的金流包括外資的匯入和投資人的匯出兩相比較之下，台灣的金融帳已連續19季逆差，這種情況值得重視。

而之前主管機關提及的進口替代方案，也是希望資金能夠多留在台灣，我們的交易流機制也很完善，但仍須讓更多的產品能夠走出去、帶進來，台灣目前的交易流有台日通、台星通、台倫通，至於產品流包括ETF、股票、期貨、寶島債，希望可以將這些基礎建設進行快速建置，甚至做到全面性對接，這也是未來除了政府法規的鬆綁，業者在市場開拓及產品發行上要更加把勁。

在台股放寬漲跌幅至10％後，包括台股和陸股的交易時間對接，個股期貨已然展開，台股在經過一連串的基礎體質調整之後，在多頭行情時台股的高點更容易彰顯，在低檔下殺的力道也可能加快，但台灣目前在一些避險衍生性工具堪稱完善，例如期貨、選擇權、認售權證、反向ETF等，相信投資人都可以得到充分的保護。

（本文於2015年6月6日刊載於工商時報A3版，略有編修。）

2-10
加強台股防禦工程

　　目前市場對台股表現不振傾向歸因為受到陸股太強的影響，肇因為資金外移等因素，加上陸企正以各種手段切入台灣各行業產業鏈，「紅色產業鏈」讓台灣產業面臨威脅，而「紅色資金潮」也讓市場擔憂對台股造成衝擊，因此，資金短期的確有外移趨勢，但這對台股目前結構來説還不是最重要的，現在要關注的是下一波，因為陸股由2014年底2000點一路急漲到2015年的5000點，都是法人及大戶、中實戶的資金，他們並無特別偏好，畢竟資金無祖國，哪邊有錢賺就往哪邊去，這波陸股的急竄，都是Smart Money，這些嗅覺靈敏的錢，很有可能都是透過陸股ETF來投資中國，也造成陸股ETF佔大盤成交比重因而明顯提高。

　　不過陸股到了5000點，市場又有人喊到萬點，假設是這種漲法，漲得又快又急，已經進場的都進場，沒進場的選擇在場邊觀望，怕的不是一波到頂，而是擔心陸股進行一個良性的中期回檔修正，以目前陸股的估值而言，看似允當，很多中小型股的漲幅儘管驚人，GDP還不是那麼亮麗，但這

個點若穩住，指數再向上攻，恐會出現較大的資金吸引效應，這方面必須要持續觀察。

　　然而有幾點可以感到必較舒緩的地方，第一，MSCI仍持續對中國A股保持高度關注，當MSCI面對市場如此強大的壓力之下，富時FTSE已啟動將中國A股納入全球基準的過渡計畫，儘管已經先拋磚，但過渡性指數事實上並沒有任何基金進行連結，是一種空包彈的效果，拋這個磚卻沒有將玉引出來甚為可惜。

　　而MSCI相信在陸股急漲的短期最高點，僅宣布新興市場指數暫不納入中國A股，並保留在2016年的審核名單內，並表態2015年將優先納入海外掛牌之陸股，MSCI終究不敢貿然將中國A股納入新興市場指數，若納入的話將造成贏了中國、輸了全世界的疑慮，全球資金被迫在此時調整其中國的權重，如果當時納入的動作實現，陸股就可能不是5000點，而可能揚升到7000、8000點的行情，此時投資人的成本以及進場位置都相對偏高，所以MSCI進行相當審慎的考量，將中國A股納入新興市場指數的時程推遲。

　　2015年陸股狂漲已經讓很多國人透過陸股ETF投資中國，甚至讓陸股ETF的成交比重以及佔大盤的成交比重都見明顯提升，陸股ETF成交比重佔整體ETF的比重已高達七成，佔大盤的成交金額比重也高達7％～10％，皆比以前顯著成長

，第一波陸股上漲並未對台股造成致命的衝擊，不會有資金的排擠效果，對象僅限於機構法人或大戶，因為通常他們會重押強勢市場，而一般民間資金仍對陸股抱持較為觀望及審慎態度。

而隨著陸股這次因為沒被納入MSCI新興市場指數，且出現中期回檔修正，只要回檔修正不超過2成以上，就不是一個多轉空的關卡，若上證綜合指數在4000-4500點上下開始進行區間震盪，對台股的威脅可能比上一波的影響來得更大，這時對於台股的下一個防禦工程，還有一些在資本市場結構面的改善，甚至稅制的改善，以吸引更多的外資及散戶投資台股，已是當務之急，否則對於台股未來的威脅將會更為巨大。

(本文於2015年7月4日刊載於工商時報A3版，略有編修。)

台股現階段布局與重新規劃

　　自2014年底陸股一路向上揚升，過程令人目不暇給，其速度之快、幅之大，應已創下歷史紀錄，而本波陸股的上漲過程中，的確與過去陸股上漲最大的不同點就在於兩融及配資，換句話說就是高度的槓桿，這種槓桿加速上漲的股市，若有回檔就會呈現多殺多的局面，更會讓股市加速下跌，陸股在2015年上半年接近尾聲之際出現戲劇化的轉變，陸股的急速下跌並不令人意外，只是在陸股急漲和急跌這般行情之下，已讓投資人在操作上顯得心驚膽跳，而下跌過後，政府大量入市，就是以中國人民銀行（大陸央行）為首的國家隊傾全力救市，動用高達數十項的救市措施，儼然將成為大陸最大的股市參與者與持有者之一。

　　國際貨幣基金（IMF）敦促大陸要退出為遏制股市暴跌而採取的救市措施，等於對大陸救市提出警訊，將來恐怕是股市穩定有餘，如何退市也是個問題，這也讓我們感受到大陸從絢爛逐漸歸於平淡的過程中，必須以一個更審慎的心態去看待大陸股市大起大落的狀態。

但是從2014年下半年到2015年上半年，因為有陸股槓桿及反向ETF，投資人在股市投資操作策略上與過往產生了一個莫大的差異，以前只能追高只能殺低，買就買在高點，就一路多殺多下來，但這次在陸股後面開始進行變化的同時，觀察到投資人行為和偏好的改變，當陸股先前再創高之際，隱約看到投資人買進陸股反向ETF，或在高檔避險需求相當鮮明，當陸股還沒到5000點的時候，有人已經從4000點以上慢慢退出，換句話說就是追高意願不足，對於漲多的股市產生警戒心，風險意識心態提高，事後看來這些投資人的心態是為正確。

陸股在前波急跌至3500點的過程中，也看到先前空手的投資人有進場搶反彈的動作，後面隨著政府護盤，陸股曾一度止穩，換言之，台股從2014年到2015年也曾經有過這般急漲急跌的表現，2015年上半年也曾短暫地觸及萬點，這段時間台股失速性的下跌，也曾向8500點進行測試，而傳統的操作習性可能會在此際一味地看壞台股，以整個投資布局及投資元件的新工具角度來看，台股本波自高點已經向下修正了1500點以上，台股若能止穩，隨時都有反彈的契機。

建議投資人當每逢台股發生不理性而下跌的時候，不妨考慮布局台灣50正向2倍ETF，這也反映出在前一段時間，

台股向萬點靠攏的時候，當時台灣50反向1倍ETF也出現了比較大的成交量，這也凸顯現在投資市場的氛圍和思維都與過去有著若干大的差距。

股市大漲固然可喜，但相對也須留意未來隨時可能出現的下檔風險，必須要這時候運用新型態的投資工具，例如運用反向ETF進行布局；同樣的，當股市行情持續出現修正或大跌或急跌，投資人也無需恐慌，從這段時間市場的變化及經驗來看，於指數可能出現反彈時，得以運用槓桿ETF參與反彈契機，因此，台股現階段或將暫時休養生息，但此際也得以讓投資人思考投資布局策略與重新規劃，這點非常重要。

(本文於2015年8月1日刊載於工商時報A3版，略有編修。)

2-12
利空鈍化 樂觀看台股後市

　　台灣主管機關因考量市場宜盡快回到正軌機制，自2015年9月21日起取消台股「禁空令」，而美國FED何時升息的動向，全球關注，一般認為在人民幣短期大幅貶值的前提下，美元走強，美國的總體經濟發展尤其是出口將會承受很大的壓力，美國為因應全球經濟發展仍存有不確定因素，所以選擇不升息，但暫時不升息代表美國的經濟成長前景仍有令人擔心的部分，同時又將這個問題往後延，在這般等待年底前美國是否升息的前夕，可能對投資人是較為煎熬的階段。

　　而美國暫時不升息對台股的影響是一則以喜、一則以憂，喜的是短時間最大的利空暫時消除，但是也將問題延後，升息前的許多不確定狀況仍無可避免將帶來影響，需持續關注。而台灣的央行為穩住台灣經濟成長採取較寬鬆的貨幣政策，於2015年9月24日調降利率半碼，同樣的這個問題對台灣總體經濟的變化將帶來比較大的影響。

　　根據以往經驗，台股到了第四季，伴隨著全球總體經濟

的不確定性，加上台灣即將面臨2016年總統大選將進入最白熱化的階段，台股目前站穩8000點大關，若要攻堅向上，第四季將是關鍵。

另外，T50反1ETF(00632R)的規模穩健增加，2015年9月站上100億元的歷史新高，顯見投資人對未來具有避險的需求，這是否意味市場對台股後市不表樂觀，或是因未來行情飄忽不定而預做準備？

其實台股2015年自前波9500點向下修正至7200點附近，已經進行了回檔修正下的體質重建工作，且在大盤急速下跌之際，成交量萎縮，外資亦進行調節，但台股本波回到8000點以上，已經有利空出盡或是利空鈍化的情況，對大盤發展是為正向，隨著2015年總統大選的政治發展情況告一段落，加上台灣的經濟2015年應可觸底，在基期相對較低之下，因此對於2016年的經濟展望可以用較樂觀的心態看待，而外資對台股的行情仍持續看好，台股就目前的估值評價已經到了可以投資的階段，且台股的股息殖利率也是有其令人高度期待之處。而台灣的電子業持續不斷尋求突破，不論是日矽戀或是鴻矽戀，相信日後必將見分曉。

台股在經歷內外部不斷震盪的過程中，激勵出一個結構的重生。總括來看，2015年加權股價指數曾攀登高峰，也曾滑落低谷，台股即將走向一個正常的走勢，2015年台股

高低點幅度算是較為劇烈的一年，震盪較大有其關鍵因素，外部因素除了有美國升息與否的歹戲拖棚，還有中國股市的急漲急跌。

　　內部因素就是台灣2015年經濟成長率表現是近幾年表現較為偏弱，2015年整體產業發展也到了一個拐點，起因是紅色供應鏈的崛起，台股2015年不斷再創高及創低的過程中，還是有其象徵的意義，在台股急挫下，主管機關施行平盤以下不得放空的措施，而當股市近期回到一個較為平衡的狀態下，主管機關也順勢將禁空令移除，儘管台股第四季仍將受到美國不確定升息，以及總統大選所釋放出的訊息干擾，但台股來到8000點的相對位置後，基期已相對偏低，加上經濟可能最壞情況已過，外資對台股仍具信心，對台股後市仍樂觀看待。

（本文於2015年9月26日刊載於工商時報A3版，略有編修。）

2-13
總體陰霾漸除 台股穩步青雲

　　美國的升息有其疑慮，看得出來不但已面臨到一個瓶頸，而且它還有降息寬鬆的必要，全世界在這個等待的過程，可能將美國升息的疑慮都已逐漸消除，而美國在不升息的前提下，台灣央行採取寬鬆貨幣政策，在此政策下新台幣相較韓圜處於偏弱的情況，也可能讓台灣出口表現得以回溫。

　　至於經濟的擔憂和總體經濟的變數，暫時已經從高峰回到較為中立的階段，畢竟過去總體經濟的變數對盤面來說是個負面因子。另外我們也觀察到宏達電2015年推出新機HTC One A9，得以和全球一流品牌相抗衡，股價也自谷底反彈，它的表現是台灣經濟走出低谷的領先指標，因為這種所謂的台灣本土品牌，對台灣的外銷出口貢獻良多，法人持股及股價也是很重要的焦點，倘若營運回穩、股價回穩、產品獲市場接受，宏達電會是另外一個台股的領先指標，也可望是一股帶動台股回穩的力量。但值得關注的是，產業整併包括日月光公開收購矽品，其最後結果是否會對台灣未來的電子產業趨勢產生質變和量變，或是帶來衝擊，必須仔細關切。

　　另一方面，面臨2016年總統選舉結構的調整，將有利於未來大選後財經政策的辯論，亦會有較為明確的發展，也讓台股慢慢地從8000點位置回穩到朝向9000點靠近的情況。倘若2015年第四季經濟回穩，加上往年第四季通常都是指數的年度高點，且加上所謂季節性的因素，在外在環境利空逐漸淡化或鈍化的情況下，第四季台股指數可望盤堅。另外，在稅負方面，健保補充保費或是證交稅，均朝向良性發展，台股在大戶歸隊、散戶歸隊下，股市投資氣氛也朝向一個良性及正面的發展。因此第四季行情發展將比第三季來得更加樂觀。

　　從基本面來看，2015年9月份出口數據年減14.6％，呈現連續8個月衰退，IMF也下修台灣2015、2016兩年經濟成長率至2.2％及2.6％，惟2015年以來市場已逐漸消化經濟環境不佳的利空，對股市衝擊並不明顯。時序即將進入11月，接近歐美年終消費旺季，加上明年農曆春節落在2月初，第四季將有提前拉貨的動能出現。而上市櫃公司已陸續公布第三季財報，由於第三季新台幣貶值幅度達6.6％，對出口導向的電子公司在毛利率及業外匯兌收益有相當助益，第三季公司的獲利數字將不會令人失望。在基本面疑慮不大，籌碼乾淨的權值股、中小型電子股可以留意布局時點。

　　產業方面，2015年以來中國智慧型手機以及筆記型電

腦產品銷售狀況不佳，市場仍以Apple iPhone馬首是瞻，由於2014年iPhone 6已經帶來相當大換機潮，加上2015年iPhone 6S改款幅度不大，市場對於終端銷售數字不敢太過樂觀，甚至認為2016年第一季iPhone出貨量將出現首次的負成長。

　　從股價表現來看，市場較青睞受惠新加入iPhone供應鏈、新增功能，以及供貨比重提高的個股，但非蘋陣營也並非全然沒有機會，中國手機雖然成長趨緩，但平均銷售價格卻呈現增加趨勢，顯示使用者對於手機的要求提高，高階零組件廠商、如鏡頭、鏡頭模組、指紋辨識晶片及模組、金屬機殼、先進半導體製程等都可望受惠。展望後市，持續看好光通訊、Apple、雲端、汽車零組件、製鞋、紡織、風電等族群。

(本文於2015年10月23日刊載於工商時報B2版，略有編修。)

2-14
多元投資工具有助提升台股交易熱度

　　台灣加權指數從2015年底封關指數8,338點，截至2016年12月中，指數站上9,300點，大盤上漲約1千點，然而指數位於相對高檔之際，成交量的表現卻不盡理想，日成交均量從年初716億元，至10月下滑到603億元。扣掉補班日交易的例外，單日最低成交量曾到500億以下，10月成交量1.32兆元，周轉率4.37％，再創歷史新低。

　　台股面臨低周轉、低成交量、低波動及低本益比的四低環境，主管機關積極研擬相關對策，提出股利所得納入利息免稅額、檢討相關稅制或者推出零股交易、延長交易時間等等措施，以期提升台股成交量。然而對低成交量憂心忡忡之餘，其實可以用另一個角度來觀察這個情形，會發現台股仍有一線曙光。

　　當前全球利率偏低，台股殖利率4％以上，在全球主要股市名列前茅，外資從年初以來，淨流入台灣超過百億美元，在亞洲國家中居冠，持有上市公司4成持股，成為推升台股指數的關鍵力量。此外，金管會副主委鄭貞茂研究發現，

若每個月定期定額元大台灣50ETF，無論何時進場，投資年化報酬率可達到7.22％到9.39％。這樣亮麗的投報率放眼全球並不多，我們認為台股體質佳但成交量不如以往，應是台股邁向成熟國家市場的必經過程。

從2008年金融海嘯以來，主管機關加強金融監理制度，對投資人保護及教育推廣有成，投資人觀念已然日漸成熟，台股投資人從過去偏好中小型股，追逐強勢股賺波段的短線操作思維，轉向買進並長期持有大型藍籌股的策略，享受穩健配息。

另一方面人口結構變化也使得存股思維漸獲認同，低波動、高配息標的受到青睞，成為民眾核心配置，這些現象都是主流市場的表徵，致低成交量成為轉型的陣痛。

另一數據也可以看到投資人思維不同以往，券商複委託業務連續4年創新高可見端倪，今年前10月成交量已經突破1兆，其中美國市場複委託交易達7,358億元，國人錢進美股，青睞高槓桿石油、天然氣商品連結標的。

而觀察2016年10月掛牌的元大S&P石油正2迄今規模已成長4倍、元大台灣50反1ETF於2016年規模也成長4倍、元大S&P500反1ETF規模成長3倍，這幾個標的都是新崛起商品類型，投資人接受度頗高。顯示台灣資金動能依舊充沛，因此若只著眼「股票」低成交量，則無法對症下藥。此乃隨資

訊發達，投資人布局無國界，選擇多元，不再獨鍾單一工具，單一市場。

　　因應台股結構性變化，除了稅制優化，交易制度強化，可以借鏡其他成熟股市的發展經驗模式，台股的定義可以更廣泛，讓集中交易市場有更多商品可以交易，若把有價證券定義擴大為受益憑證，將交易標的定義為股權類商品，除了股票外，未來或許可以交易共同基金、外匯ETF、債券ETF、結構性商品等等，讓投資人一個帳戶就能買到全球多元類別商品，如此一來，投資人不需要一味地將資金匯往海外。

　　台灣證交所已經注意到這個現象，提出未來將發展多元化ETF，打造多元產品交易平台，滿足各種投資需求及交易策略選擇。相信在主管機關與業者共同努力之下，當各類型金融工具陸續推出，可望發揮綜效，吸引投資人回流，台股也將成功轉型，擺脫低成交量困境。

(本文於2016年12月17日刊載於工商時報A3版，略有編修。)

2-15
如何看待MSCI對台股的影響

　　2016年6月15日MSCI明晟指數公司宣布2017年是否將A股納入其全球基準指數中前，市場普遍預期納入機率高，因為2016年包括中國證券監督管理委員會、中國國家外匯管理局等在內的監管機構，針對MSCI有所疑慮的問題已相應提出具體改善措施。包含放寬QFII准入條件和簡化審批流程的新規定、允許QFII在獲批額度內可自行在產品間調度使用、大幅放寬資金匯出入限制、進一步確定證券權益擁有權等，結果2016年納入機會再度落空，惟隨著A股納入MSCI全球基準指數的基本條件已趨於成熟，2017年仍有機會。

　　然而A股納入MSCI全球基準指數後，其他國家成勢必面臨比重遭受調降的壓力。主要原因在於MSCI指數編制規則如同零和遊戲，為維持基準指數100%的比例，每當有國家新納入或成分股比重調升，就代表有其他國家遭受調降。而隨著中國大陸近年來金融改革速度穩步前進，金融環境與體制逐漸朝向市場化靠攏，身為全球第二大經濟體的地位，很難想像MSCI會將其拒在門外。

　　因此，若要騰出胃納量讓A股進入，勢必排擠其他新興國家的占比，占比一旦下調，指數型基金將隨之減碼，甚至主動式基金經理人亦對該國家產業發展前景產生疑慮，可能同步下調持股，導致股市面臨修正風險。是以，不論是當事人（中國大陸）或旁觀者（其他新興國家）皆格外關注MSCI是否納入A股，而面對中國龐大的磁吸效應，台灣股市的前景與困境亦屢屢成為官員在國會殿堂備受質詢的熱門議題。

　　因此，2016年5月中旬台股在MSCI新興市場與新興亞洲（不含日本）的權重連遭11雙降，台股指數也順勢明顯拉回，凸顯市場悲觀的情緒。但平心而論，雖然MSCI調降台股權重具有相當警惕意義，但全球尚有其他如FTSE（富時指數有限公司）等指數編製公司將台灣納入配置，成分股的調整也受到各家指數編製方法、自由流通股數及股價而有所不同。此外，南韓與馬來西亞受MSCI調降幅度分別達0.77%及0.34%，遠甚於台灣的0.25%，而外資占南韓與台灣股市比重皆近四成，可見南韓所受衝擊將較台灣更為明顯。

　　再者，即使A股如市場預期納入MSCI，距生效日尚會有近一年時間，指數型基金尚不致立即隨之調整指數成分，且指數型基金占台股的比重逐年增加，已成台股成交量的一方之霸，MSCI的調整對台股的影響力相對有限，而主動型基

金是否會從台股撤退，端視台灣產業的競爭力與整體經濟發展格局，若台灣具備良好的經濟與產業競爭實力，不但主動型基金會加碼持有，指數型基金的配置需求也會提升。

因此台股長期以來面臨的結構性問題，並非單純以MSCI調降台股權重一例即可詮釋。台灣早年面對產業外移，企業紛紛赴大陸投資，台灣產業有空洞化疑慮，而近年來面對的是第二波資金外移，投資人在國內無法覓得好的投資標的，散戶對台灣信心不足，不願意投資台股，加以近年來中國經濟結構快速轉型，持續發展新興產業，吸引各方資金青睞，使得台股持續面臨量能不足的問題，資金有空洞化疑慮。

而可惜之處在於，台灣並未警惕中國轉型對台灣經濟帶來的衝擊，重新思考台股的定位與未來發展方向。若台灣能夠及早因應此一趨勢變化，當MSCI調降台股權重，部分指數型基金被迫出場，最大賣壓在新權重生效之後就已消化，若產業或公司基本面良好，投資機構並無太大動機減碼，甚至可趁勢買進低估股票。

A股是否納入MSCI的熱門議題對台股的確是一個值得警惕的現象，未來隨著A股發展更加成熟與市場化，其在MSCI的占比逐漸提高將是大勢所趨。在這樣的提前之下，如何活化台股的動能，避免未來因A股占MSCI新興市場比重不斷增

加，進而排擠台灣的份額，導致指數型基金結構性的減碼台股，當局應有效地引導海外資金回流台灣，配置台股或ETF商品以穩定結構。同時，如何以時間換取空間，加快整合台灣利基型產業、降低投資台股成本，為台股創造脫胎換骨的投資環境，將是當局首要面臨的重要課題。

（本文於2016年6月10日刊載於工商時報A3版，略有編修。）

3 中國股債匯商機

策略佈局停看聽

3-01
人民幣納入SDR
開啟資本市場改革新頁

　　IMF在2016年10月1日正式將人民幣納入特別提款權(SDR)貨幣，權重為10.92％，僅次於美元與歐元，讓人民幣國際化邁出重要的一步。然而，人民幣納入國際儲備資產，雖可提升其貨幣地位，但並不表示人民幣已經被全球機構廣泛使用。人民幣資產的實質需求仍取決於其是否具備完整的國際貨幣功能，如：交易媒介、資產保值、良好流動性等，而這都與金融貿易開放及資本市場的改革息息相關。

　　由交易媒介角度，中國具有龐大的貿易帳順差，加上境外人民幣清算業務拓展，使得人民幣在國際貿易支付的使用度快速提升，依SWIFT統計，人民幣目前在全球貿易支付的排名位居第五名，而在2016年8月底，亞洲已有超過40％與中國內地及香港機構的支付業務是透過人民幣進行結算，顯示中國企業與國際間的貿易量增加，對人民幣國際化產生重要的支持。

　　但是，人民幣納入SDR對於全球機構是否會馬上持有人

民幣，並沒有任何的強制性。機構法人在何時、以何種速度增加人民幣資產配置，仍決定於持有人民幣資產的保值性和流動性。對全球投資人而言，若持有大量的人民幣部位，但找不到可供孳息的資產，長期而言，貨幣的價值將因通膨而減損。因此，中國股票與債券市場的開放，讓投資者可以找到資金去化與資產配置的管道，成為當下重要的課題。

對於中國資本市場的改革，人民銀行與證監會等已經為境外投資者開放或放鬆了許多投資管道，包括：對機構法人開放銀行間債券市場，QFII投資比重限制放寬、RQFII額度持續增加等。不過，受制於中國市場的深度與市場透明度，目前境外投資者持有人民幣股票與債券的占比仍低於2％，顯示市場改革仍須持續性的進行。

資本市場的開放也帶給人民幣匯率更大的雙向波動，特別是在中國經濟放緩與美國升息的環境，受到貨幣政策方向分歧，境內外利差縮窄，加上海外配置需求增加影響，境內資金流出增加，但海外資金對於中國資本市場的開放政策仍在觀望，使得資金雙向流動無法取得平衡，讓人民幣面臨貶值的壓力，並影響貨幣持有者的信心。

對於國際投資者而言，市場流動性與變現性亦相當重要。人民銀行在2015年8月讓人民幣意外重貶，雖然後續表示貶值為匯改的一環，但已經引發市場的恐慌與震盪，並加深

市場對人民幣流動性的疑慮。若貨幣走勢缺乏可預測性，同時，對應的避險工具也不足，將導致貨幣的持有意願降低。

因此，在人民幣國際化過程，人民銀行除了須讓資本市場開放，並改善運作機制，以吸引資金流入以外。同時，也需要對資金所產生的匯率波動具有更高的容忍，並提高貨幣決策的透明性，彼此之間環環相扣，反映出人民幣國際化仍有相當長遠的路要走。

人民幣納入SDR確實是重要的里程碑，並正式開展國際化的道路。然而，國際投資人對於交易媒介、資產保值、良好流動性等要求，才是影響人民幣接受程度與速度的關鍵因素，而這當中，資本市場的開放與貨幣穩定性亦扮演重要的推手。我們期待中國的資本帳戶開放和金融改革會繼續進行，伴隨著更多的機構募資和發行產品，人民幣市場的寬度和深度也會進一步改善。

（本文於2016年10月22日刊載於工商時報A3版，略有編修。）

3-02
從科技的台灣到創意的中國

　　陸股2014年底漲勢凌厲，破解近5年來沉悶的架構，第一波漲的都是權值股，陸股接下來指數是否會持續上揚看起來是樂觀的，但下一波陸股上揚的焦點將轉向具有未來發展性及能凝聚市場焦點的產業，下一個世紀的中國不再是製造的中國，將是科技創新導向的中國，新傳媒的中國，通訊導向的中國。

　　台灣科技業的發展目前正處於十字路口，因為從代工到供應鏈，以及產業的整合，已經發展到一個滿足點，台灣是否應該從以前科技的硬體轉型到創意的軟體，台灣未來在軟體的人才、系統開發，勢必要有下一個世代的突破，那隨之而來的就是，中國以前是製造基地，也是銷售市場，但中國在此製造與銷售兩個穩健的基礎之下，若能夠再加入創意或多元的思維，預料科技的中國與過去科技的台灣會有更大的不同。而中國的傳媒及文化之所以發展迅速，代表了回補文化大革命的缺口，事實上創意及思維都有隔代突破的想法展現。

　　至於轉型後的中國必將展現新的面貌，政策引導由「高成長」到「穩增長」的過程中，造就產業主流分歧更為明顯。因此未來投資中國應該以新的思維來看待轉型後的經濟體，總經數據的變化並無礙於高成長型產業的發展，過去佔大盤權值較重的銀行、能源等「舊經濟」產業已不具成長性，未來應該往具備長線成長題材、市值偏低的「新經濟」產業，以及受惠於政策扶持的產業靠攏。

　　以未來科技、傳媒與電信通訊，這樣一個融合趨勢所產生的新型態行業-TMT(Technology、Media、Telecom)為例，目前佔滬深股市的市值僅約10%，具備十足成長空間。

　　就以上三大版塊觀之，美國、日本等成熟市場的智慧型手機趨於飽和，智慧型手機出貨量的增長越來越依賴新興市場；而中國品牌利用較低的毛利率以及快速的產品替換率，在中低階市場反而有優異表現，像小米機大放異彩就是最佳印證。另一方面，由於互聯網時代到來，改變行業的發展結構，成為中國經濟轉型不可忽視的重點。中國新舊經濟分道揚鑣，在產業升級的過程中，TMT產業於是快速崛起。

　　而網路遊戲結構發生巨變，手機遊戲市場剛邁入成長起飛週期，未來將有高度成長空間。全球手機遊戲市場規模由2013年不到130億美元，預估到2016年超過230億美元，成長率大幅超越傳統網路遊戲，中國三大電信商紛紛加入4G

新戰局，未來2年中國4G用戶數勢將增加，並帶動電信通訊產業快速成長。

其實目前中國股市各產業版塊仍以舊經濟的金融族群佔較大權重，未來新經濟產業，諸如：科技、傳媒、電信通訊產業占市值比重就深具成長空間。而台灣在面臨中國這股趨勢的改變，及世代轉型的浪潮下，如何突破並擁有更新的思維相當重要，台灣畢竟在科技、媒體、軟體等各方面具有一定的實力與國際競爭力，而這些族群這幾年也是相對表現不錯的類股，只要能夠持續地研發，持續在高度競爭的環境中展現完整的布局，基本上仍可以迎接大中華TMT時代的來臨。

(本文於2014年12月13日刊載於工商時報A3版，略有編修。)

3-03

台股V.S.滬港通
零和、競合或整合？

　　滬港通的訊息2014年下半年不斷攻占各媒體版面，市場無不寄望開通後，陸港股市行情趨向大好格局，對台股可能產生衝擊。其實滬港通更終極的正面意義，是在於它從過去金融市場的經營發展，從傳統的人才對人才的競爭，到產品與產品的競爭，公司與公司的競爭，乃至於金控與金控的競爭，並真正提高到市場與市場的競爭；事實上是符合台灣主管機關的亞洲盃精神，從區運打到亞運，透過滬港通這般有效的結合，的確會帶來吸金效果，從全球的角度觀之，滬港通也會形成在亞洲不論是市值、交易量都已可和日本相庭抗禮，甚至更脫穎而出。

　　台灣面臨滬港通的情況，究竟是零和、競合或整合，值得觀察。其實從宣布滬港通以來，行情多半已經反映，等到開通之後，指數處於高點，自然人上車的機率相對又高，從國際市場來看法人的力量無遠弗界，投資者應該要提高風險意識，因為滬港通不見得對滬港股市是靈丹妙藥，但對台灣也不見得是洪水猛獸，台灣其實不必擔心會被邊緣化，因為國際股市之間的跨境整合

，本就是大勢所趨，而台灣若是無法從中找到合作契機的話，台灣才有可能真的被邊緣化。

　　未來需要觀察的地方在於，滬港通有很多額度上的問題，還有市場投資層面需要留意的問題，市場對滬港通有諸多正面反應實屬必然，法規的鬆綁獲取市場的掌聲，但這波以來港股及陸股均已展現一波可觀的漲幅，投資人需要多所留意。

　　於此同時，台灣具有機制、產品以及市場的串接，需要急起直追，畢竟滬港通仍會對台灣在某種程度上產生威脅及影響，台灣現在需要思考的是如何將資金、市場、平台融合為一，不論是外資、港資或台資，如何透過不錯的平台、出色的產品，將資金透過不同方式進行整合，相當重要。

　　而滬港通對中港而言，背後還有一個意義就是中港基金的互認，還有國九條，針對很多ETF的跨境掛牌，針對CTA、REITs等金融商品，滬港通其實就是一條高速公路，是一項基礎建設，但真正的除了現在開放的大型藍籌股之外，將來還會有更多的產品逐漸開放，台灣如果要在兩岸三地的資本市場找到一個均衡點，台灣除了現在主管機關提倡的進口替代方案、亞洲盃之外，業者在各項金融產品的設計，及金融產品的工具，市場的教育，投資人的服務，都應提早因應及進行相關的準備，而近期台灣證交所因應台倫通、台星通、台日通都已進行一些相關因應的措施。

　　而台股這段期間面對食安問題，以及選舉即將到來，適逢

國際間蘇格蘭獨立、歐洲實施量化寬鬆、美國即將升息等影響，且在美元走強的前提下，資金又產生不同板塊的挪移，台股近期呈現價跌量縮，但儘管近期國際政經局勢不穩定，台灣這段日子以來不論在亞洲盃的布局，整個海外資本市場的連結工作，一直以來並無停歇。

其實滬港通是一條高速公路，是一個即將推出的機制，行情也反映了一個階段，因為有些國際資金可能早就提早布局卡位，貿然投入可能會處於相對高點，因此需要提高風險意識。雖然台股近期價跌量縮，表現弱勢，我們如果沒做任何事，台灣才有可能被邊緣化，會因此而沒落。幸好目前台灣主管機關的政策推動，法令的鬆綁，乃至於證交所進行很多跨境的整合，我們不須擔心被邊緣化。其實滬港通是刺激台灣資本市場更加國際化的一個短期因子，這段期間因市場太過於看好滬港通，隨著資金的排擠效應，反而讓台股投資價值浮現。

儘管滬港通將力爭10月通車，但其中包括額度問題、能否參加IPO問題、資本利得稅等問題都有待克服，建議投資人宜多停看聽。在此前提之下，投資人於台股逢低修正的過程中，應審視台股的投資價值。滬港通一旦開通，它不會是短期發展，未來還有很多新種商品將會於這條高速公路上奔馳，對滬港通無須過度樂觀，也無須對台股過度悲觀。

(本文於2014年9月20日刊載於工商時報A3版，略有編修。)

3-04
滬港通
對兩岸三地的機會與挑戰

　　2014年4月中旬中國釋出滬港股票互聯互通獲批，上交所於4月底發佈《滬港股票市場交易互聯互通機制試點實施細則》徵求意見稿，這意味著「滬港通」即將進入軌道鋪設階段，也就是進入實質性技術開發時段。上交所將和香港聯交所就具體實施細節進行討論，提出共同安排，預計在6個月內正式推出「滬港通」業務。

　　「滬港通」的政策中，滬股通及港股通總額度分別是3,000億元、2,500億元人民幣，每日限額則分別是130億元、105億元人民幣；試點初期，滬股通的股票範圍是上海證券交易所上證180指數、上證380指數成份股，以及上海證券交易所上市A＋H股公司股票；港股通的股票範圍是香港聯合交易所恒生綜合大型股指數、恒生綜合中型股指數成份股和同時在香港聯合交易所、上海證券交易所上市A＋H股公司股票。

　　「滬港通」其實是繼7年前港股直通車後比較大的突破及轉變，無疑對香港又是一劑強心針，我認為未來有幾個可能發生的挑戰值得關注。首先是將來港股通施行後，香港的中資券商對中國的資金交易流直接透過上海交易所，不用到中國券商的香港分公司，對於中國證券商的母公司有利。

　　第二個是過去進入中國市場需透過美元QFII或人民幣RQFII，若透過滬股通，目前從香港到中國的資格無限制，但從中國到香港卻有資格限制，要有50萬元人民幣，以及專業機構投資者身分，將來很多投資機構可以透過香港進入中國，基本上對港資券商有利；第三就是對於整體交易制度及交易系統的整合具有影響性，中國採取T+1交易制度，香港則是T+2，這半年時間是否能妥善完成硬體及軟體的建置，包括技術開發與準備的就緒；第四則是對投資者的保護及教育，過去從B股開放到港股直通車，推出時機及投資人的反應都不是很理想，此時此刻推出「滬港通」，能不能有效達到目標也是挑戰。

　　在機會方面，「滬港通」政策的出台，無疑就是人民幣的國際化，「滬港通」是以人民幣結算，人民幣從過去的貿易貨幣到交易貨幣，以前必須依附在QFII及RQFII有限的基礎之下，「滬港通」將提升人民幣際化的地位。從香港的角度

看，港交所是大贏家，投資港股的資金可以自中國直接到香港；從國際的角度看，因為有更多資金將透過香港進入中國，所以市場人士咸認上海交易所才是最大贏家，無論如何，香港交易所及上海交易所都是贏家。另一個機會就是，未來將有很多新種商品可以在滬港掛牌交易的機制下，包括股票、ETF、上市各類型衍生性金融商品均得以進行串接交易，「滬港通」是很大的開放媒介，也是為資本帳自由流通預作準備。

　　至於「滬港通」對於台灣的機會與挑戰為何?我認為，台灣的OBU和OSU已對香港開放，中港又在洽談基金的互相承認，這一路的串接，直接透過OBU連回台灣的話，台灣版RQFII未來若可取得，是否有能力消化，值得思量；而香港RQFII的2700億額度目前還有1000億尚未消化，「滬港通」的最後一波會不會將原本要給台灣的1000億額度被香港吸收掉，值得探索。畢竟目前台灣人民幣存款高達2700億元，2014年人民幣貶幅吃掉利息所得，人民幣投資不能只有匯差，勢必還是要有投資利得，這筆錢勢必會尋找出路。

　　「滬港通」已加緊腳步，加上台灣這邊OBU不設防的話，會不會原本屬於台灣可運用投資中國額度的錢，在等待服貿過關的同時，被香港給吸收，這是台灣的挑戰。至於台灣

的機會，國內很多資產管理業者在香港多有佈局，與其在等待台灣版RQFII到來的同時，我們是否可以用台灣的資金、香港的平台、中國的市場，先進行另類的規劃，畢竟以前多是用台灣的資金、台灣的平台去布局中國的市場，藉由這次的「滬港通」，台灣可以先做前期的規劃與布局，也吸取包括RQFII的相關投資經驗，可以先行留下一些軌跡，有利於未來台灣若能取得RQFII額度的話，我們才不會落後太多。

(本文於2014年5月3日刊載於工商時報A3版，略有編修。)

3-05
台股投資再進化 人民幣重避險

　　台股2013年於大中華股市中比陸股及港股表現為佳，儘管台灣目前仍有服貿議題正待釐清及解決，但2014年以來台股相對於鄰近國家的表現來得優異，也凸顯台股的體質與過去受到外圍國際政經趨勢影響，以及系統風險高度連動的關係，已有逐漸脫鉤現象，顯現台股體質已出現質變與量變。

　　近2年投資人的操作趨勢已逐漸擺脫「由下而上」模式，那種以藍籌大型股的操作思維，開始轉變成側重個別產業及個別公司的表現，2014年以來台股在亞洲區表現相對亮眼，這段期間儘管有服貿議題需要進一步討論及釐清，而外資法人仍對台股抱持高度的投資信心，台股盤勢也相對穩健，目前不至於出現大跌危機，且國安基金隨時待命，台股接下來行情仍可樂觀看待。

　　另外觀察台灣產業的獲利仍持續繳出好成績，上市櫃公司2013年獲利大增47％，整體大賺1.5兆元之多，有50家公司賺逾1個資本額，顯現台股的韌性與體質的改造，已慢慢

擺脫過去與國內外政經情勢高度連動的局面，演變成關注個別公司的高度競爭優勢，在獲利體質上獲得投資者或是專業投資機構例如外資、投信或自營商等法人青睞。

　　且這些優質公司不會像以前一樣，在整個大趨勢的氛圍下呈現齊漲齊跌，這已經十足說明了台股已開始要邁向要走自己的路，這也是因應在台股的價值評估及選股邏輯方面，出現與過往極大的不同點，現今台股並無出現大幅回轉趨勢，許多個股仍獲得市場中長期資金活水青睞，股價展現高度抗跌韌性。

　　而2014年以來主管機關不斷釋出利多激勵，台股已然走向更加健全發展的態勢，許多產業或公司的發展前景如果能夠得到市場認同，預料仍具備一枝獨秀的發展空間，這在選股操作上與過往的「由上而下」有很大的不同，宣告台股已轉為「由下而上」的基本面選股邏輯，進入到選股不選市的階段，只要投資人能持續針對優質發展公司投以關注的眼光，預料相關公司的營運及股價將具有展現實力的廣闊空間。

　　投資人除了關注台股未來行情走勢之外，另一方面聚焦的議題就是目前對於人民幣理財商品的資金配置仍顯現持續增加態勢，但人民幣走勢不可能只升不貶，不可能只有單向發展，在投資人進行大量資金進行重分配的過程以及績效的

期待之外，更應該重視風險管理，而在前波人民幣走勢明顯回檔時，許多人民幣衍生性金融商品出現虧損情況，對於人民幣的理財，呼籲投資人應該建立正確投資觀念，除了在期待人民幣升值的同時，也要妥善管理相關部位，於進行人民幣存款獲取利息之際，若要轉換成其他人民幣理財商品，在現階段比較適當的包括基金或是其他保守性的操作商品，若是將來人民幣走勢變化更具可研判性之時，相關理財性商品自然會應運而生，但若是只追求只升不貶的理財性商品，相對地，下檔風險必將會比上檔空間要來得高。

　　總結而言，台股已經走向另一發展新境界，投資模式已然進化，對於台股後市可以樂觀以對；而人民幣雖仍為國際強勢貨幣，投資人在進行人民幣相關理財時，應須建立風險意識。當大家還不能釐清或歸屬這類商品的模式前，對於自身不熟悉的商品應先觀望，建議以保守心態視之為宜。

(本文於2014年4月5日刊載於工商時報A3版，略有編修。)

3-06
透視人民幣
外升內貶的財富外溢現象

　　人民幣兌美元匯價近期發生較大貶值情況，讓市場開始擔憂2014年人民幣的走勢恐將有變數。中國讓人民幣從交易貨幣、投資貨幣、儲備貨幣等三部曲，進而擴大人民幣的境外結算中心，讓人民幣可以走出去、帶進來，升貶有其一定軌道，不難預見和觀察，而在全球可以開放大量兌換人民幣存款的前提之下，香港人民幣存款已突破1兆港幣，但現在台灣人民幣存款累積速度比當時香港來得更快，人民幣若是持續升值，將會讓中國境內的財富外流。

　　其實人民幣不是雙向互動，就理論及專業的角度來看，人民幣近期貶值凸顯了一個問題，即不是只升不貶，人民幣和 任何的貨幣一樣可升可貶，尤其在匯率改革以來，人民幣累計升值26.8％，若人民幣持續升值，將引發人民幣加速外流，可能會造成財富外溢的情況，自然就會造成外升內貶，有可能形成人民幣在海外是強勢貨幣，但境內人民持有意願不高。而人民幣的外升內貶，表面看起來是貨幣現象，實

際上卻反映出產業現象的問題，這種結果將會造成資金不願留在製造業，會炒房、炒股、炒資產，形成更多資金加大對外投資，財富對外輸出。

這次人民幣貶值向市場傳達的訊息是，一、人民幣不是只升不貶；二是要降低外升內貶的財富外流之不平衡；再來就是很多結構性商品只看人民幣升值，利用快速回貶加速了投機性的情況發生。

然而人民幣貶值是否代表中國經濟結構不足以支撐人民幣未來的升值？貨幣不外乎資本帳、經常帳及金融帳，中國的經常帳即出口並未出現大幅萎縮，人民幣若是用經常帳的角度來看，人民幣若不能持續升值的話，美國將會有意見，恐會認為中國干預匯市，因為人民幣升值才能讓美中不會貿易逆差；至於資本帳，人民幣在海外做了很多境外結算中心，中國長期間進行資金流入的管控，雖然目前已有適度開放，但仍屬於高度管控階段。

陸股目前不如想像中熱絡，房市又面臨泡沫化，事實上人民幣的需求可能呈現趨貶的情況，另外就是衍生性的商品如果持續高張，可能使得將來人民幣回檔修正的幅度更大。人民幣雖然是強勢貨幣，甚至將來將成為國際主流貨幣，但任何的貨幣不會只有只升不貶、只賺不賠，儘管市場認為人民幣持續升值，但終究有人會下車，投資者務必要有所認知

。而人民幣的波幅若能稍加擴大，將可讓人民幣相關的理財工具，像多空、雙向等，將更能夠滿足市場投資者的需求。

決定中長期人民幣幣值變動的因素乃回歸經濟成長及外貿需求變動等基本面因素，短期則受投機需求等因素的干擾。目前影響長期人民幣匯率的經濟增長與外貿情況並沒有惡化，因此當外部國際資金從新興市場回流至成熟市場的短期因素逐步消退後，匯價表現自會重回升值軌道。在上半年中人民幣升值的剛性預期趨於減弱，匯率雙向波動幅度和深度可望將增強的情況下，可以預判，在2014年推進人民幣國際化的進程中，人民幣難以出現趨勢性的貶值傾向，未來仍將持穩保持小幅升值態勢，雙向波動將成為匯價運行常態。

（本文於2014年3月8日刊載於工商時報A4版，略有編修。）

3-07
QE不退
陸股充滿賽局機會

　　最近一個月全球市場表現正如坐雲霄飛車一樣激烈甩動，先是受到美國FED主席柏南克表示QE可能退場以及中國爆發錢荒的雙重夾擊，導致中國股市一度跌破1900點關卡；然而近日柏南克在美國國會發表演説則表示在可預見的未來仍將維持寬鬆貨幣政策，此言一出全球股市興奮大漲，就連原本表現相對弱勢的中國股市，也一舉回到2000點關卡以上。

　　根據我們對中國股市長期觀察來看，中國股市具備兩大特色：一是股市與GDP表現背離，二是與市場預期背離，近期中國股市快速從最低點1849點反彈，彈幅逾13％，這讓我們再度確立一件事，那就是只要上證指數低於2千點以下應該站在逢低分批進場的買方，相信未來陸股仍充滿相當多的賽局機會！

　　首先，從經濟結構轉型來看，過去中國的投資魅力來自於高增長、高速度，例如每年GDP可以維持在8至9％的高成

長動能，正因為中國經濟表現充滿了力度與速度，吸引大量熱錢流入，根據統計，中國去年已經躍居全球第三大投資國，僅次於美國與日本。但相對地，這些資金中可能有一部份屬於短線資金，在這種情況下，便容易造成股市較大的波動。

但最近幾年中國開始希望建構更完善的制度，以民生為基礎，因此提出一套新三民主義--「權為民所用，利為民所謀，情為民所繫」，做一些政治制度相關的改革與發展，當然，中國要從過去高速度的增長，逐漸進化為有制度、有程度的良好經濟體結構，難免為金融市場帶來一些衝擊。

其次，從最近中國出現的錢荒問題來看，其實中國並不缺資金，不論從銀行體系的資產負債表，到政府的外匯存底，達3.3兆美元，銀行體系的放貸比率也僅有70%左右並不高，但中國銀行體系的問題在於資產負債表表外的影子銀行，確實是需要時間加以調整，使銀行體質更加健全；新任領導人上任後，不論是進行政治上的肅貪或是金融體系的整頓，都是在做對的事情，而這些改革都是在防止中國未來經濟可能泡沫化的危機，接下來就是觀察是否將事情做對，這攸關股市短期破底的陣痛後，長期多頭能否再現。

再者，從投資角度來看，全球資金尋找的投資標的，不僅要夠大，且更講求的是投資的允當性，因此，未來若中國

能順利通過「進化」過程淬勵後，將可能創造出一些更優質、更長久的品牌，或許我們可以觀察若中國的調整是持續性地進化，那麼對中國股市而言，反而是短空長多的機會。

以陸股的評價面來看，過去幾年大陸上證指數區間維持在2千至3千點之間波動，我們認為當指數跌破2千點以下之後，反而應該是中長期逢低向下尋找分批佈局的買進機會，看好的理由有二：一是因為中國正在進行經濟與金融市場結構的調整，可望打造更健全的經濟結構與資本市場；二是因為每當市場對於陸股氣氛明顯轉趨悲觀時，通常都是離底部區不遠。

由於中國股市的縱身跟格局相當大，且是一具備新興市場高度波動的特性、又有成熟市場的規模、以及國際性資金參與的混合體，市場的信心問題往往容易牽一髮而動全身，然而對照美股目前處於歷史相對高檔區，中國股市正好相反，若中國金融市場經過一番整頓與規範後，則未來中國股市中具備代表性且體質優異的藍籌股將再度成為全球資金追逐的焦點。

(本文於2013年7月13日刊載於工商時報A3版，略有編修。)

3-08
人民幣理財
賺利差與匯差

　　人民幣業務開放近2個月以來，國內投信、銀行、壽險等金融機構都積極推出相關存款、結構型商品、寶島債、連結A股ETF投資型保單、以及投信準備募集人民幣計價新基金等相關商品琳瑯滿目，此外，近期更開放具備相關資格的台商可直接買A股，以及中國開放QFII可投資銀行間債券等，可預見未來隨著人民幣存款的增加以及政策的開放趨勢，國人可選擇的人民幣理財商品勢必更加多元化，在此，提出未來人民幣投資理財趨勢看法，供國內投資人參考。

　　首先，我認為未來人民幣理財規劃宜循序漸進，所謂循序漸進指的是國內投資人應該先理財後投資，至於理什麼財呢？由於外幣與新台幣的理財與投資規劃有些差異，因為人民幣屬於外幣帳戶中的產品，所以投資人若還沒有外幣帳戶者應該先開立外幣帳戶，並將台幣資產轉至人民幣，而若原本已經有外幣帳戶之投資人，則只需直接增加人民幣之配置即可。這跟本幣的投資理財規劃不同，本幣只需要考量如何

投資，但過去國人只能兌換人民幣現鈔，現在人民幣業務開放後，提供國人存款的另一項選擇，便應該思考如何規劃人民幣的投資理財，不論是想要享受各大銀行祭出短天期高利人民幣存款優惠、或是看好中長期人民幣升值趨勢。

投資人未來在人民幣投資上應依據兩大指標來進行投資規劃：一是人民幣存款利率、二是人民幣匯率，短期若投資人是受到銀行祭出人民幣存款高利率吸引，可以將部份資金擺在存款中，享受高利，但若是看好人民幣匯率升值或是長期有人民幣需求的民眾，宜規劃中長期投資。

由於目前人民幣業務機制與平台才剛開放，根據行政院預估今年底人民幣存款可達483億，然而銀行業與台灣金融研訓院則樂觀預估今年底人民幣存款將突破千億元水準，惟目前這些人民幣存款戶之投資理財屬性，尚無法立即分辨對投資之風險偏好，因此國內金融機構未來推出的人民幣相關理財產品該如何滿足投資人需求，將是一大課題與挑戰，也將是各金融業磨刀霍霍準備搶食的商機。

現階段國內銀行推出的人民幣高利存款多是三個月期，當這些定存到期後，將面臨如何投資規劃，根據過去經驗，一般投資產品通常可分為四大類：

一是保本、保息：這類產品仍是類存款產品為主，只是在利率上可能不易再出現第一階段銀行業搶食人民幣存款所

金融趨勢大未來

祭出的高利，而當這類產品的利率降至與新台幣約當，能否還保有吸引投資人的魅力？就看個別投資人需求，至少這類產品風險低，仍可滿足保守投資人想要保本保息的投資理財需求。

二是不保本、保息：類似結構型商品，或是雙元貨幣產品，甚或是投信業未來可能推出的債券型產品，如近期中國政策將開放QFII可投資大陸銀行間債券，甚至今年農曆年前兩岸召開的金證會中國承諾給予台灣金融機構1千億人民幣RQFII額度，勢必再掀起國內投信募集相關債券型商品的熱潮，同時也能滿足風險屬性屬於穩健保守，又看好人民幣長線升值趨勢之投資需求。

三是保本、不保息：預期將以保本型人民幣理財產品居多，也就是將人民幣存款產生的利息部分再進行投資，這類投資包含期貨、衍生性商品等相關人民幣投資，但投資部份總是會有風險，雖然保本，但投資部份不一定可以創造優於利息佳的報酬表現。

四是不保本、不保息：四是不保本、不保息：大陸股票就是屬於這類，由於國人對於陸股不熟，特別是大陸上市公司繁多，且如何判別其財報真假，對一般投資人而言難度較高。

建議投資人若看好陸股未來行情以及長線人民幣升值趨

勢，不妨透過A股ETF，省去選股麻煩，或是希望能夠享有超額報酬的主動式操作基金，甚或未來國內投信將可募集純度高的A股基金，掌握未來陸股的多頭行情，至於債券型基金部份也具有吸引力，因為目前大陸的國債約有3％收益，而企業債部份也有約5％利率，以中國經濟成長趨勢仍向上，中國債市未來行情仍看好。

　　因此，未來國內投信將陸續推出人民幣計價的股、債產品，將可提供投資人依照不同風險屬性進行資產配置，以能掌握陸股新一輪行情、以及長線人民幣升值大趨勢。

(本文於2013年3月30日刊載於工商時報A3版，略有編修。)

3-09
探究台灣人民幣理財商機

　　2012年9月「海峽兩岸貨幣清算合作備忘錄」（MOU）完成簽署，兩岸關係向前邁進一大步，市場各方高度關注台灣在跨境人民幣可搶得多少商機。其實台灣跨境人民幣業務的開放程度將攸關商機的大小，且台灣人民幣理財短期可能大幅借重香港產品，人民幣存量與商品多寡亦決定其成敗。台灣具有發展人民幣離岸業務的優勢，但擴大人民幣資金池刻不容緩，需要有更周延的配套措施方能大展身手。

　　為何說台灣跨境人民幣業務開放程度攸關商機大小，是因為目前台灣與中國的貨幣清算協議尚未簽訂，跨境人民幣業務範圍開放程度亦在未定之天，參考香港經驗，由於存匯款等個人人民幣業務，為跨境人民幣業務最早開放項目，因此預估本次貨幣清算機制正式運作後，相關業務可望上路。除此之外，中國與台灣互為重要貿易夥伴，簽訂貨幣清算協議與人民幣國際化最大的目的之一，便在於協助兩地貿易業務推廣，因此貿易結算亦可望列入本次開放範圍當中。

　　RQFII與直接投資兩者均為金融帳之開放項目，就香港

經驗觀之，也是經歷8年境外人民幣試點後，方開放之業務，因此是否列入本次開放範圍當中，仍待後續觀察。值得注意的是，台灣在簽訂貨幣清算機制之初，國內可供島內人民幣投資之標的必然相對有限，因此中國若能開放台灣投信業者經由類似RQFII之管道進軍中國，投資內地標的，一方面創造台灣人民幣投資商品多樣化，另一方面則可望開拓台灣基金業之商機。不過觀察目前香港RQFII目前只有香港中資分支金融機構可以申請，顯見中國目前對於RQFII的控管尚屬嚴密，開放的可能性目前預估不大。

預料未來台灣貨幣清算協議正式上路後，CNT（台灣離岸人民幣）與CNH（香港離岸人民幣）性質雖然同屬境外人民幣，然而兩者分屬兩個不同的貨幣池，彼此並無直接相通，兩地人民幣資金池的金流活動，仍須透過美元作為中介。

而台灣貨幣清算機制上路初期，國內人民幣可投資標的有限，發展純種CNT人民幣理財業務（使用CNT人民幣投資CNT計價商品）難度相對較高，短期可能仍需借重香港現有的人民幣商品發展理財業務；然而CNT人民幣不等同於CNH人民幣，因此為了要投資香港的CNH商品，台灣的CNT人民幣可能得先透過美元換為CNH後才能進行投資，所以投資香港人民幣商品雖然在名義上為人民幣投資，但實質上與海外投資並無二致。

　　總括來看，人民幣理財商機，最後仍取決於台灣人民幣的資金存量與CNT商品多寡而定。就人民幣存量來説，到2012年8月底為止，台灣OBU人民幣存款金額僅有175億人民幣，與香港5,000億人民幣以上的存量相去甚遠。

　　星展銀行研究報告就提出，就台灣的貿易量推估，台灣只要以人民幣結算的比重到達30％，到2015年以前，台灣的人民幣存量就會突破1,000億人民幣。但即使台灣人民幣存量突破千億，台灣人民幣理財商機成功與否仍需業者更積極投入產品開發與推廣。香港目前已有人民幣貨幣期貨、人民幣股票、人民幣債券、人民幣ETF與人民幣存款證等各種商品，台灣若想在CNT理財上嶄露頭角，人民幣產品創新必定得加速跟上，台灣在金融創新的障礙一向較多，這也是未來台灣人民幣理財商機的一個值得觀察的重點。

（本文於2012年10月27日刊載於工商時報A3版，略有編修。）

3-10
點心債市場呈現跳躍成長

　　2012年以來中國寶鋼集團發行近30億元人民幣債券，中國主管機關更批准包括五大國有銀行在內共10家陸資與外資中國子行，可赴港發行250億元人民幣的點心債，這些發行機構的點心債，票面利率均高於香港人民幣存款利率；而在人民幣匯率波動區間可望擴大，金融機構和企業爭相先後排隊在港發行點心債，且台灣上市公司直接赴香港發行點心債亦可望放寬等多重優勢的情況下，預料點心債應是投資中國債市的入門選擇。

　　點心債（Dim Sum Bond）簡單來說是在香港、新加坡等地方發行的人民幣債券，是企業籌資的新選擇，許多香港或新加坡人持有人民幣，過去只能夠存放於開放人民幣存款業務的金融機構，而無法有近一的投資行為，但近年香港銀行手中的人民幣存款日漸增加，當境外人民幣債券業務開始推行時，大量的人民幣存款就流向境外人民幣債券。

　　其實香港的人民幣債券市場由2007年開始發展，2007~2010年僅允許金融機構發債，到了2010年7月起開放

紅籌公司與境外企業發債，2011年底更首次開放境內非銀行業發債，2011年全年淨發債量高達1,050億元人民幣。點心債的本質就是「人民幣計價公司債」，目前在香港發行點心債券的企業，大體上都是條件與體質良好的中國或國際企業。

而2010年7月起，中國政府對發債的法規鬆綁，使得點心債成為企業籌資的新選擇，一般人民或機構開始將點心債納入投資組合，也因為人民幣過去幾年都呈現升值走勢，增添了點心債的認購意願。點心債可說是中國為了推動人民幣國際化而產生的新投資商品，堪稱是中國開放債券市場的試點，由於市場對人民幣的貿易及投資需求不斷增加，境內企業直接發債可使得債券評級更為迅速透明，有助吸引國際資金流入，因而造就了點心債市場呈現跳躍式的成長。

另一方面，點心債的發行規模持續增溫，產業分佈也漸趨多元。根據彭博資訊統計，2011年點心債的發債總額達1,500億人民幣，今年可望突破3,000億人民幣；而渣打銀行今年2月底推估，點心債的投資規模到今年底更可望達到3500~4000億元人民幣的規模，淨發行點心債券約1,800億元人民幣。在產業分布方面，過去以中國政府公債與中資銀行為主，目前已涵蓋鋼鐵、化工、能源與消費產品等，市場更加健全。

就投資風險而論，點心債具有較低的利率風險，當利率調升時，點心債價格將下滑，但因為點心債的存續期間較短，多為2~5年期債券，平均存續期間僅2.8年，受到短期利率波動的影響較小，利率風險較其他債種為低。

正因為人民幣存款的增加幅度比點心債發行速度更快，市場呈現供不應求，加上中國政府推行人民幣國際化的腳步不變；在此同時，近期企業爭相發債，選擇較多時相對就必須要提高利率來爭取資金，所以點心債的票面利率已不斷上調，依據美林債券指數的資料顯示，目前點心債指數的平均殖利率水準已經高於中國債券指數的平均水準。

目前外資進入中國境內債市仍受到RQFII（人民幣合格境外投資者，RMB Qualified Foreign Institutional Investors）限制，點心債提供了投資中國債市的管道，快速上升的境外人民幣存款更使點心債顯得炙手可熱。

(本文於2012年3月17日刊載於工商時報A3版，略有編修。)

3-11
人民幣投資理財趨向理性

　　2014年人民幣貶值讓國人對於人民幣相關商品不再過度單向投資，且在隸屬於台灣的RQFII一旦無法順利取得的話，預料人民幣相關理財商品將呈現有別於以往的新局面，畢竟香港RQFII利用率普遍偏低，若台灣RQFII額度取得太晚的話，而香港的RQFII仍積極透過OBU或OSU進入台灣，國人處於此空窗期，投資理財工具的選擇更顯相形重要。

　　根據中國國家外匯管理局統計資料，2014年第一季底，中國62家機構及其子公司共有2005億人民幣的RQFII投資額度，就份額及單位淨值統計，RQFII總資產規模為555.69億人民幣，額度使用率為27.71％，至5／25所有RQFII資產規模為592.07億元人民幣，額度使用率為29.52％，不到3成比率。

　　且2014年華夏基金（香港）及嘉實國際更申請調低旗下基金的投資額度，將閒置額度劃撥給其他投資機構，個別閒置超過80％，可見香港RQFII使用程度不如想像來得高。

　　這其中的原因，陸股過去2年處於低迷狀態，國際性資

金對RQFII額度需求並不如過往對美元QFII強烈，股權商品若不能在短期成為去化香港RQFII有利工具的話，香港RQFII債券商品，尤其是ETF，已成為另一發展新局，例如iShares、南方東英、易方達等資產管理公司均發展RQFII債券ETF，這股風潮勢必也會吹到台灣，且台灣目前仍未取得RQFII使用權，未來香港RQFII仍會透過OBU及OSU來到台灣，使相關商品成為理想去化額度投資標的，進而吸引台灣投資者目光，而國內銀行及相關業者也與香港RQFII提供者紛紛簽訂相關投資協議。

於此同時，台灣人民幣存款增幅已稍微放緩，人民幣存款自2013年下半年開始急速增加，儘管2014年上半年仍呈現絕對金額上升，但月增率已下滑，人民幣存款投資似見退潮，考量人民幣未來趨於雙向波動的情況下，國人從匯率、利率、收益率的角度，對人民幣已有更深層的認識及不同的思維，對於人民幣的投資從以前的積極參與已轉趨理性，面對未來人民幣的投資管道應盡可能需要更多發掘及認知，並建立更正確的理財觀念和配置，因為「滬港通」某個程度將會替代美元的QFII及RQFII。

從香港的經驗到台灣目前的現況綜合分析，短期內人民幣相關的股權商品，投資人將可能較為謹慎保守，但結合人民幣中長線走升的趨勢，以及固定收益商品的本質，預料人

民幣債券理財相關商品將大行其道，也會應運而生。

　　也正因為人民幣未來仍是國際貨幣交易主流，固定收益商品的低波動及具配息機制，將肯定是投資主軸，而人民幣債券商品不論是在國人未來中長期的退休理財規畫需求，將是可以多加考慮的投資元件及配置，再加上未來人民幣處於雙向波動的情況下，投資人在債息的管理更顯重要。

　　以前投資者買人民幣升值的期待，可能買的是股票或債券，在未來人民幣國際化的發展趨勢下，若能搭配人民幣計價且具配息的商品，它將可以分攤及去化，或是規避人民幣單一波動時點所帶來的風險，利用定期定額或配息，進行時間上的多層次管理，它將是符合一方面人民幣未來中長期是強勢貨幣的趨勢，二方面又可降低短時間選擇工具上判斷的風險。

（本文於2014年5月31日刊載於工商時報A3版，略有編修。）

4 另類資產的
金融創新與布局之道

4-01
QE退場 投資軸線改變下的致勝心法

　　美國QE退場已成定局，投資人莫不擔心利率上升、資金退潮，對債券形成頗大的壓力，且在全球經濟成長尚不是很穩定的情況下，各國股市表現不一，美股持續創新高，日本股市及歐洲股市也大漲至相對高點，成熟國家看似引領風騷，但對於後QE時代的投資方向，應該是當下最值得關注的焦點。

　　在全球金融風暴之後，過去幾年股市投資人在擔驚受怕之餘，傳統的股票資金已移至債券市場及不動產市場，而由於投資人對股市戒慎恐懼，股市在這段時間不會因為重大利空出現重挫，但上漲力道也沒有像以前那般強勁。由於資金進駐債市及房市，但其變現性或交易周期不像股市短暫，未來的利率在相對比例原則之下，利率水位肯定比以前高，加上這幾年產業的世代交替，從蘋果世代到三星世代，到繼之而起的生物科技或替代能源，而世界經濟發展變化主題在產生移動的變化過程中，過去風光的金磚國家已不再金磚，全球原物料上漲的周期也正在進行下調。

　　在投資主題軸線變化的過程中，未來利率調升後，過去5年多頭的債券市場是否會因勢進行調整，這仍需密切觀察，而目前不動產產業發展的態勢，儘管許多國家還正在施行打房政策，但短時間房地產預估仍有延續揚升的空間，儘管亞洲部分國家可能有漲幅過大的疑慮，但距離滿足點仍有段差距，歐洲市場要上揚可能還需要等一等，而美國房地產在經歷下修的過程後，目前已進入上升軌道，且QE退場代表聯準會確認美國REITs產業進入基本面的多頭狀態，預料美國房市及美國REITs榮景可期。

　　至於日本首相安倍晉三的三支箭發射下去之後，不論是股市及房市都已吹起反攻的號角，因此從投資軸線變化來看，可察覺到已從過往的金磚國家移往中美日等全球三大經濟體國家的態勢，債券的資金會流向具有高配息的股票或是具有固定現金流量的不動產及REITs，資金進出調整的態勢已相當鮮明。因此未來受到利率調升的影響最低的投資工具或商品，將會持續獲得中長期資金的挹注，目前REITs應該是時下可以考慮將之納為資產配置一環的重要標的之一。

　　綜所上述，在全球投資環境以及投資氛圍已經邁向另一階段之下，REITs具備股債兼備特性，不僅有股票的特性，亦有配息的優點，同時目前REITs對於利率上揚的敏感度較低，產業的型態與種類也相當完整，包括購物中心、辦公大

樓、工業廠房、住宅等；在全球REITs自經歷2007年以來的5年調整期之後，REITs蔚為投資主流的價值已然成形，可以將REITs視為高配息股票，也可以將之視為穩定配息的債券，具有兩者合一的概念，只要能掌握固定收益穩健入袋，就是當下值得考慮的投資工具之一，REITs就是箇中翹楚。

(本文於2013年8月17日刊載於工商時報A3版，略有編修。)

4-02
用黃金比例投資黃金

　　近期金價大跌，主要是市場對美國經濟復甦持續維持樂觀態度，恐將減少對貴金屬作為避險商品的需求，加上歐債國家變賣黃金疑慮升溫，導致金價短線創下可觀的跌幅。金價的驟然間大跌，令手中握有黃金部位的投資人捏把冷汗，市場各種多空觀點論調不斷出籠，但急於在低檔搶買黃金的大有人在，這種景況尤其在兩岸間特別鮮明。

　　金價目前處於先進國家經濟低度成長、歐元貨幣信心低落、美元利率極低、貨幣供給大增、貨幣購買力下降，以及油價供需多變的交錯渾沌經濟環境中，黃金的保值與避險需求並不會因為這波跌勢而瞬間消失，金價下半年仍有回升機會，何況下半年開始，黃金便進入傳統旺季，印度與中國的新年接續而來，在傳統旺季需求以及油價的激勵下，黃金有機會重回漲升軌道。況且目前黃金自高點回檔至此，投資人於此價位紛紛建立適當部位，凸顯黃金於資產池中不可缺席的角色。

　　至於黃金的合理價位可分成幾個層面來談，首先是生產

面，主要來自於金礦商，生產成本約在每盎司1,000~1,200美元，再適度加上生產者最低要求的獲利空間，金價於此處再跌風險已不高，目前金價可謂已到達合理基本價格。再由歷史因素來看，黃金乃是類貨幣資產，並且依舊是各國央行外匯儲備的當然選擇，也具備通膨與金融危機的雙重避險功能，像中國及印度等國家就相當青睞黃金，俄羅斯央行也持續穩定增加黃金儲備，這股來自新興經濟體與亞洲國家的龐大買盤，是2009年以後才開始興盛，理應在合理價位之外，添加額外溢酬，但目前金價卻跌至只反映其基本合理價位，預期金價可望開始由低檔攀升，有超跌的溢酬可期。

另一方面，本波黃金的回檔是預期心理使然，過去美元走弱，債券利率低，黃金的相關衍生性商品就應運而生，自2004年起，從美國、香港、南韓到中國，都推出黃金相關的衍生性商品，黃金ETF就是一例；至於台灣，在本波黃金崩跌之際，黃金存摺逢低承接的買氣頓時暴增，金價越跌越買的市場氣氛相當熱絡。

黃金已逐漸由過去靜置於抽屜或床下的傳家資產，轉變成為中短線交易以及投資與投機的熱門理財工具。目前全球黃金需求之中，投資需求比例達60％，各類黃金投資工具的興起，貢獻良多，也導致黃金多空走勢的思維，開始由較長期的時間軸逐漸轉入中短線，也由總體經濟分析角度逐漸

轉入技術面與籌碼面分析,而新思維甚至躍居主流,使得集投資與投機目的於一身、交易方便流動性高的全球實體黃金ETF,成為研判金價走勢的重要指標之一。今年以來至4/23止,全球實體黃金ETF減少持有黃金數量約達332公噸,而其他方面買盤僅最多增加約250公噸,推估供過於求約82公噸,其中半數就是來自於4/12~4/15金價大跌期間,跌勢超乎預期。

2011年金價大漲至1,900美元以上的歷史高點,現在於1,400美元價位附近徘徊,在此過程中,多數金融機構對於金價的看法乃是一年、甚至一季數變,看法大多是貼著市場行情走;儘管目前市場部分機構隨勢認定投資需求將持續退潮,而看得更空,但從大中華地區近期的民間購金熱來看,卻是印證了抱持大跌難得、逢黑進場的需求潮反而因此而起。

其實黃金的投資最佳策略就是買黑賣紅,現在黃金已回到合理價格,市場無需太過驚恐,畢竟黃金的相關需求並未減退;因此往下買、往上賣,進行區間操作,不失為穩當的投資行為。另一個有關黃金投資的就是「左右水平概念」,也就是資產配置的觀念,以前若是用高部位、高價格買黃金的投資人,本波下跌必定受到損傷,但畢竟黃金與其它投資工具一樣,適可而止就好,最好是於投資組合中建立5%~10%的黃金比重,藉由合適的比例和合適的價位買進黃金,讓它不要在個人投資組合中缺席。

(本文於2013年4月27日刊載於工商時報A3版,略有編修。)

4-03
尋找未來QE退場之明星

　　最近美國FED主席柏南克談話表示，未來幾次會議中不排除視就業市場與經濟情況而調整QE政策，目前美國經濟復甦力道仍緩，尚不宜縮減QE規模以免阻礙經濟成長表現；然而市場因為擔憂未來FED將逐步縮減QE規模而引發全球股、債、商品、以及第四類資產REITs大震盪。未來FED貨幣政策一旦真的開始逐漸轉向，哪一類資產會是下一階段的明星？

　　本專欄曾分別在2012年7月、9月跟讀者分享對於全球REITs市場看法以及未來投資潛力，認為一向被歸為第四類資產的REITs，將躍居市場主流並有機會重返榮耀，主要是因為全球貨幣政策正處於空前寬鬆狀態，在美國REITs已經領先大漲後，將帶動仍在相對低檔區的亞太地區REITs比價上漲。

　　當時特別看好距離2007年高點最遠的日本REITs，然而，猶記得當時我們提出這樣的看法後，市場對於從2007年高峰墜落谷底的REITs是否真的能夠回升，多數抱持半信半

疑態度,更遑論要重返當年的風光景象。

　　但2013年以來日本REITs因為新任首相安倍晉三以及新任日本央行總裁黑田東彥誓言推動積極寬鬆貨幣政策,達到2％通膨目前,帶動日本REITs大漲逾5成,也間接讓國內REITs基金2013年以來平均有逾2位數報酬,讓市場對於REITs基金認同度明顯提升。

　　根據投信投顧公會最新資料統計顯示,國內REITs基金規模在2013年四月底達262億元,2013年以來規模成長幅度達61％,居國內各類型基金規模成長幅度之首,成長幅度更超越2012年市場最熱門的高收益債券,若再與2012年第二季底的規模相比,則整體規模成長幅度更接近一倍,更是各類股權型基金中,2013年以來每月都呈現淨申購,尤其是個別基金績效表現相對好的,自然能夠吸引較多資金流入以及更多投資人認同。

　　然而,不論再好或是具投資價值的市場與商品,只要漲幅過大都是利空,相反地,就算再差的市場或商品,價格跌深一定會有反彈機會,全球REITs經過今年一至四月的大漲後,五月以來已經漸漸顯露疲態,累積驚人的波段漲幅後,能夠適度地進行休息整理,才是比較健康的走法。

　　一旦未來FED可能逐步縮減QE或進入升息循環,則過去二、三年市場熱賣的高收益債券可能受到美國公債殖利率彈

升的影響而受到波及,還是提醒投資人對於此類商品應該提高警覺。

然而REITs因為具備三大特性:一是收益性、二是具有成長性,REITs因資產類別特殊,景氣恢復,配息可望越來越高,三是不怕升息,升息代表確認景氣進入成長循環,建物價值上升,商用不動產空置率降,租金提高,進入基本面主升段循環,在此三大特色條件加持下,REITs的多頭行情將可延續。根據過去經驗,REITs多頭景氣循環可從升息開始持續到升息末端,目前市場才開始預期FED可能逐步縮減QE規模,到正式啟動升息以及進入升息循環,恐怕都還有幾年的好光景可期。

事實上,近一、二年部分國內房仲業者掀起一股海外房市投資熱潮,惟在跟著市場一起前進海外房地產市場前,投資人不妨先靜下來停看聽,是否對於投資地區夠瞭解?投資的實質報酬率是否值得?因為有些國家買不動產的手續相當繁瑣且還有稅賦問題,若是無法輕鬆解決這些問題的投資人,但又想擁有海外房產,則具有配息又可享有資本利得空間的REITs,應該會是不錯的投資選擇!

(本文於2013年5月25日刊載於工商時報A3版,略有編修。)

5 退休理財規劃需求

與資產配置

5-01
今年資產配置密碼：3C+ABCDE

　　自金融海嘯後，美國是主導全球金融休養生息的國家，2015年全球主要經濟體採取寬鬆貨幣政策進而刺激全球股市走高，但美國FED於2015年12月正式啟動升息，加上人民幣2016年正式納入SDR，目前已逐步放鬆釘住美元的政策，。回顧2016年市場處於低回報、高波動的環境，預期2017年仍將延續此一趨勢，也因此投資想法需要顛覆以往傳統思維，在積極中見保守、保守中見積極。

　　著眼於上述的想法，建議資產配置策略主軸將為3C：

　　第一個C是Capital Protection，資本保護：既然今年市場行情波動將加劇，那麼資本如何保護就相當重要；第二個C是Cash Enhancement，現金增益：行情波動擴大，預期投資人將會把現金部位拉高，現金部位應該投資甚麼？又如何為現金部位增益？第三個C是Currency Hedge，匯率避險：例如2016年出現大震盪的人民幣，英國脫歐事件前後英鎊都有大幅波動走勢，顯示投資上不僅要能抓到股市、債市等資產類別多空方向，匯率避險也會是影響收益的關鍵。

資產配置戰略：ABCDE

在3C的資產配置策略下，投資上又該如何操作呢？建議不妨以ABCDE五個投資戰略為投資解決方案：

A是指Asset Allocation：多元、且安全的資產配置，因為行情波動加大，各類資產的表現將分化，在資產配置中盡可能多元化，以利降低波動風險。

B是指Smart Beta：近幾年國外相當盛行的多因子分析投資概念，例如Black Rock的CEO, Laurence D. Fink,也特別提出多因子分析的概念，Black Rock去年更發行多因子分析策略的3檔ETF，希望透過多因子分析策略，採取分散投資以降低風險。預期2017年SMART BETA(智選)概念的指數化產品也會是元大投信主要發展的產品軸線之一。

C是指CTA基金：CTA基金因採電腦操作，透過大量資料進行演算，也可算是具備Big Data概念的基金，只要趨勢明確出現，則將是多空行情下的投資利器；同時投資人若是已經投資一般主動式基金，可以再搭配CTA基金的投資，採取一混搭投資法。

D是Dividend：這是指企業配發現金股息，而非股票股利，因為衡量一企業優質與否的關鍵，通常會關注是否能配發現金股息，能配發現金股息代表企業有獲利能力，在市場波動且景氣低度成長情況下，配息型產品已經成為國內投資人

的最愛，但建議投資人在投資這類商品時須留意是否配發本金，以元大高股息ETF為例，2011至2015年平均現金股息殖利率逾5％，2016年預估也有逾5％，已經逐漸獲得投資人青睞。

E是ETF：ETF是指數化投資，這幾年隨著國內ETF商品發展多元化，不論台股行情表現好壞，在ETF的交易中都會出現價差套利交易機會，特別是目前有正向2倍、反向1倍ETF產品發行之後，更讓投資人可以透過ETF進行多頭避險、空頭增益的操作，這也是過去一年國內ETF交易熱度明顯升溫的重要關鍵，預期此一趨勢今年仍將延續。

（本文於2016年1月16日刊載於工商時報A3版，略有編修。）

5-02
猴年投資先求不傷身體、再求療效

　　當市場出現黑天鵝，往往是個絕佳的投資買點，以商品行情為例，2015年底市場普遍認為黃金可能跌破1,000美元關卡，但2016年黃金不僅沒有失守千元美元大關，且在主要資產類別中表現強勢，，油價也是在2016年初跌破30美元後展開跌深反彈，顯示國際原油價格跌破30美元以下應屬超跌，顯示商品行情在大跌後，操作上不妨採取逢低分批布局方式，耐心等待。

　　這2年很多投資人都看好人民幣後市只會升不會貶，使得人民幣相關的衍生性金融商品就應運而生，但這些商品是有限的權利、無限的義務，而很多投資人民幣相關衍生性商品的投資人無非就是想賺取人民幣升值的匯差，卻用了一個很辛苦的方法。然而台灣金融環境要以新台幣兌換人民幣，因此兌換時機就顯得重要，而兌換之後多數存放銀行外幣定存賺取較高利息報酬，但在人民幣利率走低之下，部分投資人轉向投資更高報酬的衍生性金融商品。

　　但是，投資人是否注意到有一股投資上的新趨勢正在形

成？2015年市場推出槓桿/反向ETF後，帶動ETF市場不論是規模、成交量都呈現明顯成長，為有如此成效，主要是因為投資人以前需要到期貨市場、選擇權市場、權證市場尋求獲利機會，但衍生性商品波動劇烈，獲利相對不易，若操作不慎還會被追繳保證金，甚或容易因為市場一陣盪發生保證金不足情況而被斷頭；相較之下，槓桿/反向ETF推出後，因為將期貨現貨化，提升投資效率，因此成為市場投資工具的新主流。

其實黑天鵝不一定是黑，不一定是壞，白天鵝也不一定是白，也不一定是好，投資者應該選擇更有效率的方法，去獲取其期望的投資報酬，而不需要使用風險偏高，或是摩擦成本最大的工具，所謂的摩擦成本是指中間透過很多層次的產品包裝，可能內含很多衍生性槓桿操作的金融商品，造成權利義務的不均等，投資人必需要特別小心。

另一方面，任何一種資產類別或投資標的，多空行情經常瞬息萬變；當真的很看壞一個資產類別或標的，真的很看壞一個市場，真的必須用一個很客觀的心情，去尋求買它的原因和理由；相反地，當非常看好一個市場，看好一個資產類別，看好一個標的時，真的也必須衡平注意其可能回檔的風險和壓力，面對全球金融市場波動不斷加大，投資上應先求不傷身體、再求療效，是投資最高的依循準則。

　　建議投資人面對全球微利時代環境，應掌握3C資產配置原則，所謂3C是指資本保護(Capital Protection)、現金增益(Cash Enhancement)、匯率避險(Currency Hedge)。

　　資本保護指的是價差，全球市場波動度擴大下，需要適時運用反向型產品來進行避險，達到保護資產的效果；現金增益指的是利差，在微利時代，現金部位可以透過配息型債券獲取中長期較佳利差收益；匯率避險指的是匯差，近一、二年匯率變動極大，可能出現賺了價差賠了匯差，因此在匯率避險上須配置適當產品，以降低匯率波動對投資組合的影響。建議投資人在資產配置上不妨考量上述策略。

(本文於2016年2月13日刊載於工商時報A3版，略有編修。)

5-03
寬鬆資金有利亞太公債

　　揮別多頭豐收的2012年，2013年國際市場仍充滿許多變數，如美國舉債上限及歐債議題的紛擾。亞太國家目前普遍並未面臨通膨問題，預期未來利率走向將傾向溫和調降或持平，多數國家甚至延至2014年第一季之後才開始啟動升息循環，已然為債市營造相對有利的投資環境。其實債券本以長期佈局為主要考量，持有愈久，不但能提高平均報酬，對於獲得正報酬的機率也能明顯提升。

　　受惠於市場青睞，亞債市場發展相當迅速，2012年亞債的發行量已突破千億美元大關，過去15年以來，亞債發行量的佔比成長率更大幅以倍增速度成長。環顧亞洲債券市場，自1995年就持續呈現爆發式的增長，目前亞債市場整體規模已突破6兆美元之多，其中以政府債券產品為市場的大宗主流。

　　另外，信評的升降對於債市亦具影響。信評機構標準普爾資料顯示，過去11年來，亞太國家主權債信評等陸續均被調升，或維持在投資等級；像香港、新加坡的AAA評等，

應可滿足特定投資人對於最高信用評等債券的要求。

　　尤其是在許多已開發國家都已失去AAA信評的時刻，亞太當地債券對國際投資人具有吸引力。回顧2012年，亞太多國主權評等獲得上調，印尼及菲律賓先後獲得穆迪調高投資評級，尤其菲律賓主權評級與投資級別僅一級之距，下半年南韓主權評等也獲得穆迪及標普調升。隨著亞太經濟增長前景理想，各國政府及企業財政狀況得到改善，預期新興亞太主權評級獲得上調的趨勢將可持續，包括中國與香港的主權評級以及印尼、韓國等亞太國家與地區的主權評級在明年都有機會獲得上調，預期信評的調升將吸引國際資進駐，將有利於亞太債市表現。

　　其實政府債相較於公司債，波動低、長線報酬相對勝出，代表經過風險調整後的報酬相對佳，顛覆傳統公債低波動、低報酬的投資概念。由於公債指數成分多屬於中長期利率，債券價格主要影響因子為市場供需與通膨預期，短期利率變動也不完全會直接影響債券指數價格。在升息循環初期，雖然公債指數走勢較為趨緩，但利息收入的貢獻仍使得公債指數持續走升，在市場完全消化升息預期後，公債指數走勢更為突出，且升息將使該國貨幣轉強，能享有貨幣及息收的雙重優勢。

　　由於歐美地區AAA評等主權債的供給量減少，但相對亞

太區國家在信評調升題材效應下，國際資金移往亞太區域靠攏的趨勢將更為明確。隨著亞太當地債券發行量、存續期間和發行機構的多元性與日俱增，將使得亞債可望躋身為主流的資產類別。

欣然看到金蛇年起始，兩岸均已準備推出債券型指數化商品，讓當地投資人的選擇更多樣，以建立完備的資產配置組合。中國推出的是國債ETF，採取追蹤上證5年期國債指數，選擇剩餘期限為4-7年、平均久期為5年、且在銀行間和交易所市場託管的20-30只記賬式國債以建構組合。至於台灣則推出首檔海外債券指數型基金（Index Fund），追蹤野村亞太(不含日本)基本面投資等級政府公債指數，利用指數化技術緊貼亞太債市資金行情，並透過國家基本面因子，動態調整指數投資成分，以掌握亞太貨幣升值優勢，兼具平衡收益及風險，為核心資產配置的另一選擇。

舉亞太投資等級公債為例，它與其他資產相關性低，納入投資組合有助於增益報酬並降低風險，若於股債混合型的投資組合中，40％的債券組合分別配置於亞太公債、環球高收益債及美國複合債，結果顯示核心配置於亞太公債能有效提升平均報酬率，並提高單位風險報酬。

(本文於2013年3月2日刊載於工商時報A3版，略有編修。)

5-04
馬來西亞
退休金提高投資ETF比重

　　隨著全球人口老化，健全退休金制度已成為各國越來越重視的課題，就各國退休金制度，美國401(k)、香港強積金、新加坡公積金均是相當令人耳熟能詳的退休金制度，本次專欄我想談一談馬來西亞的退休金制度及其投資運用ETF的概況。

　　馬來西亞勞退公積金（Employee's Provident Fund,EPF）成立於1951年，是由馬來西亞政府機構負責管理，2012年9月底共有1,342萬會員，來自於馬來西亞私人及國營企業，該退休基金總管理規模約1,540億美元，在全球由政府部門成立的退休基金排名第六大，僅次於日本、挪威、南韓、新加坡、加拿大等國家；依照相關法令規定，馬來西亞勞退公積金每年需保證每個帳戶可領取2.5％股息收入（收益率），至於每年實際配發的股利端視當年度投資績效而定，近3年（2009~2011年）配發股息收入比率分別為5.65％、5.8％、6％，基本上50歲起即可開始領回30％。

　　至於勞工每月提撥率是依照收入高低計算，月收入高於馬幣5,000元以上的員工，需每月提撥薪資的11％，雇主需另外提撥12％；月收入低於馬幣5,000元以上的員工，需每月提撥薪資的11％，但雇主需另外提撥13％。

　　就投資面向來看，馬來西亞勞退公積金所投資的標的是鎖定穩定成長的大型股以及每年配息的企業，自2008年起開始投資台股，從原先20檔股票至今已擴大投資範圍至30檔，選擇佈局的條件是以MSCI臺灣指數成分股為主，該公積金已自2012年7月新增ETF為可投資項目，除了投資當地資產管理公司發行的ETF之外，目前亦已將元大台灣卓越50ETF納入可投資的候選標的。

　　馬來西亞勞退公積金至2012年9月底，總資產為5,101億元馬幣，較2011年同期4,518億元增加583億元，其中16.83％為海外投資部位。就細部來看，2012年第三季成長最強勁的投資收益來自於借貸及債券部位，較2011年同期成長65.64％，創造30.6億元的貢獻；至於股票部位及馬來西亞政府債券分別締造23.4億元及15.4億元收益，房地產及貨幣市場的投資獲利總額則為7.8億元。

　　就指數化投資方面，目前馬來西亞勞退公積金於海外ETF部位，除了投資CIMB東協40以及道德泛亞股利機會等兩檔ETF，中國市場則僅投資H股。馬來西亞勞退公積金所投

資的指數化商品，是由CIMB-Principal資產管理公司發行，隸屬於馬來西亞第二大金融集團CIMB Group旗下，除公募基金以外，也是馬來西亞政府委任的基金管理機構，同時協助民間企業管理退休基金。

馬來西亞勞退公積金目前所投資的兩檔ETF，CIMB S&P道德泛亞股利機會ETF於2012年3月在新加坡交易所掛牌，主要追蹤S&P道德泛亞股利機會指數，投資於大型並穩定配息的40檔個股，投資國家包括台灣、印度、日本、紐西蘭及菲律賓，每年目標配息率為4.5％~5.5％。至於另一檔CIMB 富時東協40 ETF，於2006年9月於新加坡交易所掛牌，追蹤富時東協40指數，由新加坡、馬來西亞、印尼、泰國、菲律賓等東協五國組合成40檔成份股。

其實全球退休金的資產配置工具已見多樣化，主動式投資(α)比重下滑，指數化投資(β)比重增加，早已成為資產配置的重要元件，而要能有效率執行策略性資產配置，資產自身的流動性及市場產業的代表性相當重要，指數化投資就是實施資產分配最直接的好方法。

(本文撰寫於2012年12月25日，略有編修。)

5-05
REITs基金正低檔翻升

　　2012年上半年國內投信基金整體規模沒有太大變動，仍維持在1.8兆元上下，但市場資金卻有明顯從股票型基金轉移至債券型基金的趨勢，2012年上半年固定收益型產品規模增加逾4百億元，居各類型之冠。

　　事實上，2012年上半年國內投信新基金募集42檔中，有31檔是債券型基金，若再將境外基金拉進來一起看，更可以發現，整體境內、境外基金規模約4兆元，固定收益型基金就超過2兆元，看起來似乎有過熱的現象。

　　也許是因為最近這一、二年市場的劇烈震盪，讓投資人對於波動度較高的股票型產品變得沒有信心也相當畏懼，因此希望在如此低利的環境下，尋找相對穩定且又能獲取一定報酬的產品，促使今年債券型基金熱賣。然而，此時投資人或許應該冷靜下來重新檢視自己的投資組合是否適當？而除了債券之外，是否還有其他產品是適合目前低利率、低成長的金融環境下的投資工具？

最近有一本共同基金必勝法則一書，這本書十年前就已經出版過，今年再度出版共同基金法則一書的十年典藏版，作者是約翰·柏格(John C. Bogle)，約翰·柏格有「基金之神」之稱，不僅是美國知名投資管理公司先鋒集團(Vanguard Group)的創辦人，且全球第一檔指數型基金─先鋒五百指數型基金(Vanguard 500 Index Fund)正是約翰·柏格在1975年創造的。

約翰·柏格在書中提到二個在基金投資上非常重要的觀念，一是投資愈簡單愈好，且這個原則即使是在十年前就已經提出，預期未來這樣的投資原則仍會被成功的投資人持續奉行；二是資產配置，他認為明智的資產配置，也就是適當的劃分投資組合中股票和債券的比率，將是成功的關鍵。

所謂的資產配置是依據不同投資人能夠承擔風險的意願，追求最適當的報酬率，所形成的投資組合，而早在西元六世紀之前，猶太法典就提出一個簡單的資產配置策略，認為一個人的財富應該用三種形式持有：三分之一不動產、三分之一是商品，其餘為流動資產。

約翰·柏格則認為投資配置可以更簡單一些，三分之二配置在股票、三分之一放在債券，且從歷史資料驗證，適當的資產配置能夠獲得相對好的報酬表現；但更重要的是，每

個投資人還是只能依據自己的投資目標、風險忍受度、財務狀況，訂定出符合自己的資產配置比例，甚至是隨著年齡不同，資產配置的情況也應該適度的調整才是。相信投資人只要在對的時間做對的事、投資對的產品，長期下來的投資績效應該都會很豐碩。

那麼現階段究竟有甚麼產品是目前環境下對的產品呢？2012年上半年全球股市從第一季的大反彈到第二季的大幅拉回修正，又回到年初起點，除了債券有不錯的報酬表現之外，有一類資產表現更勝債券，那就是REITs基金，也有人稱之為第四類資產，上半年全球富時不動產指數漲幅達13％，優於MSCI全球指數上半年上漲4％。

事實上，統計過去10年股票、債券、商品、不動產等各類資產，不動產報酬率居首的年度最多，其次為商品，若在投資組合中加入不動產、商品，則將可提升投資勝率。

或許投資人心中有一疑問，亞洲不少國家都有打房的政策，而美國的失業率高居不下，經濟復甦顯露疲態，歐洲國家則正陷於歐債的水深火熱之中，房地產會好嗎？

若攤開北美商用不動產指數過去五年的技術線圖來看，相信會令大多數的投資人大吃一驚，因為北美商用不動產幾乎已經回到2007年美國次貸危機前的高點，此現象一方面

反應全球央行採行低利率寬鬆貨幣政策，資金湧入相對安全的資產，另方面則代表美國商用不動產都能重返高點，目前指數位置仍僅在半山腰的亞太不動產，在全球持續低利環境下，也有跟進補漲空間，相信REITs基金在未來一、二年會再度成為市場矚目的新焦點！

（本文於2012年8月4日刊載於工商時報A3版，略有編修。）

6 ETF的解決方案與攻略

6-01
市場動盪環境下的
商品投資新趨勢

　　美國FED升息在即，利率變化蠢蠢欲動，也揭櫫了低利率時代可能會進行一些調整，此時此刻對於未來商品的投資布局，除了股債的面向之外，也已開始形塑重要的趨勢，商品價格短時間的確還是處於相對的弱勢，當然11月美國總統大選對於黃金及美元價格均會帶來若干的影響，過去中長期買進持有商品的投資策略，即景氣循環法也就是買黑賣紅的策略，必須進行修正。隨著法規的開放與突破，讓槓桿/反向ETF與商品的投資得以結合，過去投資多元的配置到整體策略的多維，ETF從正1倍，慢慢地可以擴增到正2倍和負1倍，這樣的一個新的投資面向有利於專業投資者針對未來的商品投資做出更完善的布局。

　　以台灣50ETF的經驗來看，當指數不斷創新高的同時，反而反向ETF的規模和配置顯得更大行其道，將來黃金價格在美國總統大選後，或將呈現持續走揚的態勢，而黃金反向ETF就是參與黃金多頭的最佳投資配置。

金融趨勢大未來

　　而油價如果短期間不論是供給面的變化，或持續下跌的同時，投資人可多加利用2倍槓桿ETF，來加大未來逢低反彈可能的力道，以贏得投資的報酬。近一、二年槓桿/反向的策略已經為市場所熟悉及接受，不管是將來FED的升息，美國總統大選，以及黃金及石油價格的變化，以新型態的投資策略，搭配多元的資產配置以建構更完善的投資組合，可望創造更穩定的績效與投資報酬。

　　可以想見油金多空操作的時代已經來臨，而商品槓桿/反向ETF的問世，與先前原型ETF的差別在於，原型ETF的投資比較適合中長期，當然也適合逆景氣循環，例如當石油價格偏低的時候，逢低買進，當價格走高的時候，逢高賣出，這是原型ETF的投資，未來對於油金的投資與發展可以更多元化，例如當黃金未來價格走高之際，就可以像台灣50反1ETF的做法，買進黃金的反向ETF以進行高檔避險，而石油這波還是有持續下滑的可能，逢黑買進一個短期可能的反彈，效益也不若2倍的槓桿，此時投資人可以透過一個優化傳統商品投資策略的方式，以進行商品槓桿/反向ETF的布局，以應對國際金融環境可能的變化，因為市場仍有很多不可預測的風險，投資人運用新型態的槓桿/反向ETF，以一個全新商品的投資概念佈局黃金和石油，以掌握投資契機。

　　另外，適當掌握油金多元化的交易策略，將可望提升投

資獲利的機會，第一是了解正逆價差；原油期貨由正價差轉逆價差，代表原油供不應求，若由逆價差轉正價差，則表示原油供過於求。

　　當原油空頭期間，原油期貨易呈現正價差，此時若擇點買進原油反向ETF，因轉倉時易空到更高的期貨價格，表現可望超越現貨的下跌幅度；當原油多頭期間，原油期貨易呈現逆價差，此時若擇點買進原油槓桿ETF，因轉倉時易買到更低的期貨價格，表現可望超越現貨的倍數表現。

　　第二是季節性需求；運用原油的淡旺季，進行波段操作以賺取獲利機會。以原油季節性需求觀察，冬季用油旺季為每年12月中~次年3月底，小淡季則是3月底~5月底；至於夏季用油旺季為每年5月底~9月中，傳統淡季則是9月中~12月中。而黃金需求旺季為中國農曆年(1~2月)及印度排燈節前(7~9月)，淡季則是在需求旺季之間的空檔(3~6月)，金價易跌難漲。

(本文於2016年9月24日刊載於工商時報A3版，略有編修。)

6-02
機器人與自動化
為ETF帶來無限想像

　　美國那斯達克證交所2013年10月22日首次由借重機器人之手成功敲響收市鐘聲，慶祝全球機器人及自動化指數ETF的推出(ROBO-STOX ETFO)，宣告機器人與自動化正式加入世界商業主流。當年這檔ETF成立後，不到5個月規模便突破1億美元，截至2016年11月30日，規模達1.18億美元。近年來，由於總體經濟環境的變化，機器人及自動化產業持續受到市場的矚目，讓過去多為矽谷創投公司與產業研究專家才能涉獵的領域，因這檔ETF的上市，開啟一般投資者布局機器人與自動化產業的直通車，創造普羅大眾參與的機會。

　　每一種風潮的興起必有其原因，高齡化社會隱含著勞動人口的成長趨緩，最直接即是反映在工資層面，舉例來說，風靡台灣的國際平價服飾，讓台灣消費者得與全球同享這股平價風潮，但平價服飾材質越來越單薄。其實這與全球工資上漲有關，平價服飾的製造成本中，過半來自原物料，約三

成來自於勞工成本，其他則來自運送、稅務以及其他通路成本。近年來，勞工薪資以兩位數成長幅度上升，服飾業者若要保持平價，只有兩個選擇，把生產基地轉移到更廉價的國家，或是壓低原物料成本。

中國這幾年積極推動經濟結構轉型，製造業缺工事件頻傳。根據英國金融時報分析，2010年一台要價人民幣46.3萬元的工業機器人可取代3名平均年薪約3.1萬元的工人，回本時間約5.3年；但至2016年一台單價33.2萬元的工業機器人，預估可取代3名平均年薪約6萬元的工人，回本時間僅1.5年。此外，全球企業管理顧問機構波士頓顧問集團（BCG）預估，未來10年工業機器人與相關軟體價格將下滑兩成，且每年效能將可提升5%，顯示當工業機器人回本時間降至0，機器人及自動化設備將大量取代人工，成為製造業生產大軍。

在相關衍生的投資趨勢方面，目前全球較具代表性的Robo ETF為美國ROBO-STOX於2013年發行的Robo全球機器人與自動化指數ETF，以及愛爾蘭於2014年發行的ROBO Global Robotics and Automation GO UCITS ETF，規模分別約為1.18億美元及1.42億美元，涵蓋全球具備機器人及自動化研發生產能力的企業，包含台灣數家上市櫃公司。

以Robo全球機器人與自動化指數ETF為例，該ETF集合全

球83檔機器人概念股，多數為美德日重量級企業，美德日在機器人產業發展一直處於世界領先地位，但優勢領域各不相同。日本在工業機器人、家用機器人方面有明顯優勢，歐洲則在工業機器人和醫療機器人方面處於領先，美國主要優勢在系統集成領域、醫療機器人和國防軍工機器人。在這波機器人及自動化潮流中，中國提出「製造業2025」計畫、美國有「再工業化」政策、日本推行「機器人新戰略」，以及德國的「工業4.0」，凸顯出未來機器人產業發展將呈現多種不同取向的風貌。

機器人產業未來的用途將逐漸細分化，除具備大量生產能力的量產機器人外，還包含軍工業、人機協作、運輸、服務業、無人車、醫療及農業等領域。尤其在高齡人口與獨身人口大幅增長的當下，陪伴型機器人、醫療用機器人常是新聞傳媒爭相報導的夯話題。因此在全球人口朝向高齡化發展的情勢下，機器人與自動化產業正巧搭上這班趨勢列車，具有高潛力成長特徵。另一方面，資產管理公司負有發掘市場需求及滿足投資人理財配置的責任，未來連結機器人與自動化產業的ETF，可望成為全球人口結構變遷下的配置型產品。

目前已有業者推出機器人與自動化產業的主動型基金，亞洲市場未來或將出現具備更低成本的機器人與自動化產業的ETF，提供投資人更多元且更低成本的投資選擇。

(本文於2016年8月27日刊載於工商時報A3版，略有編修。)

6-03
借鏡日本ETF市場發展經驗

　　每當國際或是國內發生重大事件時，市場總會談論國安基金該不該護盤，有些人希望護盤，因為台灣的股市仍需要很多信心激勵，但也有人認為因法規的架構，不適合進行護盤，應該要適度的退場，當然國安基金的進場、出場茲事體大，因各方面國際情勢撲朔迷離，就以我們鄰近的國家日本為例，他們以國家隊的角色力量，以國庫資金挹注ETF的方式與資本市場相結合。

　　日本央行總裁黑田東彥在2016年上半年時曾指稱，對額外推出振興措施抱持著開放的態度，他認為日銀增加資產購買有大量空間，並強調新ETF將與在東京證交所掛牌、總市值500兆日圓的上市公司股票相連結。至今年2月底，日銀持有約8.5兆日圓ETF，相當於日本ETF市場規模近六成。另彭博社估計，日銀因不斷購買ETF，已躋身日經225指數約90％成份股的前十大股東，目前日銀是日本藍籌股的主要持有人，持股規模比全球最大基金公司貝萊德和管理逾3兆美元的Vanguard Group都來得高。

　　日銀有愈來愈多的官員支持買進投資ETF，以擴大寬鬆貨幣的政策措施，因為日股大幅回檔修正和全球經濟疲弱，已威脅到日本經濟的復甦，因此國家隊狂買ETF，無非也是希望對經濟振興、提升消費帶來激勵作用。而日本國家隊投資的ETF都是與當地金融市場的指數相結合，並非海外指數的ETF，這個效果也讓日本的ETF，不論是規模或是成交量的增長，都有一定的明顯提升；然而日本國家隊之所以對ETF如此高度青睞，可能必須從ETF本身的架構談起。

　　ETF的初級市場乃採取實物申贖作業，而日本手上持有股票的機構，假使都只採取交易策略的波段操作，可能會賣到低價又會買到偏貴的價格，其實政府基金護盤是一件吃力不討好的事情，因為成本會越買越高，下車的時候會越賣越低，所以日本他們為了要解決單一股票買賣價差可能造成成本過高的問題，就將持有的股票透過ETF初級市場轉換成ETF的方式，並進行相關避險，或是整個產品投資策略的配套，日本有很完整的槓桿及反向ETF，也有完整的指數期貨的商品，如果他們將手上大量的股票改變成用投資ETF的方式，將得以降低選股的困擾，也可以用一籃子的概念進行分散風險，再加上ETF本身具備低成本、高透明、投資高效率的特徵，可以和其他周邊的商品進行投資、避險、套利價差的投資策略。所以日本央行如此大量地進行公開市場操作，將國

庫的資金透過ETF也能夠進入到日本的資本市場，達到資本
市場活化的效果，不但沒有讓資金可能產生外移的風險，同
時也達到活絡金融市場的效果。

　　目前日本股市的市值在已開發中國家位居第三，僅次
於美國、歐洲，而日本ETF規模截至2016年2月底為1,309億
美元，佔整體亞太區比重54.7％，為目前亞太區規模第一大
ETF市場，其次為香港、中國、南韓、澳洲。根據日本ETF市
場的發展經驗來看，在2012年發行槓桿/反向ETF之後，分
別挹注當地ETF市場規模再度出現較為明顯成長動能。

(本文於2016年4月30日刊載於工商時報A3版，略有編修。)

6-04
高股息投資思維當道

　　台股2015年下半年自9500點一路下滑，失守10年線，期間遇到黑色星期一大跌，原本以為歐美股重挫將再度重創台股，台股恐將直探20年線保衛戰，幸好台股連續幾天止跌反彈，化解向下探底的疑慮。

　　2015年台灣經濟成長率不到2%，加上外資的考量，台股可說是內外交相煎，台股走勢的確有其令人擔憂的地方，如果長時間觀察台股可以發覺，台股到達10年線的位置時，投資台股若以ETF作為工具，台灣50ETF(0050)想必是最具代表性，但現在若以大的結構面來看，會更加認為高股息的投資策略儼然到來。

　　因為現在的投資人對於落袋為安這件事是擺在登峰造極上面，與其行情翻騰覆雨，不如更加重視落袋為安，這段期間從投資者偏好習慣的改變，反映出2個比較大的現實和事實；所謂的現實面，就是指過去在台股投資人的主力，隨著歲月和時間，等於10年前台股最蓬勃的那群人，現在大多已經50~60歲，現在不可能再期待這些人每天在市場殺進殺

出，他們都已經到達一個希望穩定、安定的年紀，而目前法律監管和產業結構也都越來越制度化和健全化，台股發展是樂見成熟，從現實面來看，講得更確切，就是台灣的股市已經發展到趨向於穩定均衡。

至於事實面，現在落袋為安這檔事比翻騰覆雨，對於機構法人來說，更是當務之急，如果說要進行大量的避險，需要投入大量資金，需要大量邊際的成本，但如果在每天追逐市場的漲跌之間，尋找到一個穩健進步之道的話，Smart Beta策略就是將波動度先降低，進而有效地控制，以追尋高股息的投資策略，意即先求不傷身體，再求療效。

如果能有股息先收入，再來控制下檔風險，最後當經濟或股市的情況良好，再行爭取上檔空間，否則就會抓龜走鱉，就是既期待有上檔空間，但最後面對的都是下跌的結果。倘若在追求上檔的同時，又擔心下跌，做了很多無謂的避險，做了很多無謂的策略，可能也不易萃取出上漲的報酬，這樣會讓資金的負擔更大，進而讓成本更高，所以這種Smart Beta(智慧貝他投資策略)，不只是台灣，目前已經是全球機構法人在投資上的重要取向。

目前台股的結構已經進行了調整，一方面在等待台股落底，尋求反彈的同時，建議投資人應該進行投資標的、投資思維的調整。

以高股息ETF(0056)為例，規模從之前的不到30億元，已經倍增至約70億元，且該ETF設有配息機制，每年平均股息殖利率約當4％~5％，當台股大跌，高股息ETF股息殖利率反而上升，因此當行情出現震盪，高股息標的成為市場青睞的焦點。

高股息ETF是追蹤台灣高股息指數的表現，指數成分股是從台灣50指數及台灣中型100指數的150檔成分股中，選取未來1年現金股息殖利率最高的30檔個股，高股息ETF單日成交量在2015年創下上市以來新高，也代表布局高股息ETF的投資人，在意的多不是偏高的資本利得，而是對一籃子成分股高股息期待。

(本文於2015年8月29日刊載於工商時報A4版，略有編修。)

6-05
改造台股DNA
再造股市新生命

　　主管機關為活絡台股，持續射出四支箭的措施，即開放先買後賣的現股當沖、擴大平盤下放空檔數、允許券商在漲跌停板時進出等三支箭，以及2014年11月實施的「振興台股第4支箭」，包括資券互抵不再列入融資券限額計算；提高投資人單戶、單股的融資券限額；提高上櫃股票融資成數到6成；鼓勵上市櫃公司辦業績發表會等。但若要台股成交量持續有效提升，則未來的成長動能不應只有提升量能的思維。

　　在國際化投資以及財富管理風行的未來發展產業現象中，股票投資不再是唯一投資的手段或工具，因此成交量勢必可能被其它的理財商品所稀釋，在量能趨向減少的過程中，除了衡量成交動能表現之外，如將參與成本降低，投資誘因提高，還須留意相對報酬的表現，所以不單是以供給去解決需求的問題，而應先以投資人的需求角度觀之，換句話說，台股目前需要的不僅是量變，還應該透過質變來提升，台股

要做到質變，就應該在產品的供給上有著更大的突破。

　　就以剛於2014年10月底於集中市場掛牌的槓桿及反向ETF，在主管機關的法規及政策的開放，以及業者的努力之下，它已經在台灣ETF成為一個重要代表的族群。而業者站在一個產品發行的角度，若仍是鎖定類似原本台股資產類別的指數去發行ETF，因其相關係數高，這只會帶來稀釋的效果，呈現單尾效應，單尾指的是大者越大，強者越強，變成台股交投多半集中在某些產業或是某些公司，產品應當為常態分配的市場，極端是少數，大型化的成長動能會變得較為微弱，這樣會阻礙了新進者進入市場的誘因。

　　所以台灣整體資本市場未來要做到質變，擺脫目前的量變，就必須將具備更多新交易機制的創新金融商品，推動於市場上交易，譬如像Generation 2、Stock 3.0。台灣目前需要的是市場動能，擴大或放鬆很多成交量的交易機制，之後為何感覺上未能大幅改善，投資人願意仍不夠強烈，是因為原來的標的沒有改變，只不過是參與的手段、成本和方式改變而已。

　　後續若要從源頭做起，一方面可以配合量變的手段，主管機關所射出的箭，當然對市場有所幫助，但P乘以Q等於V，V是成交量，Q是單位數，P就是產品，刺激Q如果還不見成效的話，應該樣更加將P產品打通，才能夠帶來市場動能

的提升。

　　台股的成交量可能是1000億或是2000億才算好，或也有可能是1200億較佳，總量可能沒變，但內容已經有了很多改變。台灣未來在資本市場應更加速開放產品，現在經貿是多邊，證券市場也是多邊，投資人很多都到海外去投資，所以進口替代這件事刻不容緩，如何去扭轉主客場的態勢，如果進口替代是帶進來，亞洲盃就是走出去，目前走出去的效能看得很明顯，像證券、銀行、壽險，但帶進來它需要時間，所以政策工具在量的方面，包括產品的異質化，產品的研發創新就顯得相當重要。

　　因此台股未來在進口替代，打亞洲盃的持續進行之下，台灣的產業結構或是資本市場的發展如果能夠在這種情況下蛻變，才可以徹底改造台灣資本市場的DNA。如果成交量提高，市場參與者增加，台灣還是可以重返榮耀，再創台灣之光。

（本文於2014年11月15日刊載於工商時報A3版，略有編修。）

6-06
指數化投資
國際主流地位確立

　　隨著2013年國際市場瀰漫著由債轉股的氣氛使然之下，由美國指數化投資巨擘--先鋒（Vanguard Group）旗下的股票指數基金於2013年10月底以2,510億美元正式超越由債券天王葛洛斯操盤，規模達2,479美元的PIMCO總回報基金，全球最大共同基金寶座由先鋒集團摘下。這檔先鋒股票指數基金（Vanguard Total Stock Market Index）在全球股市持續走升的幫襯下，2013年第四季初規模達到歷史最頂峰。

　　眾所周知，先鋒是美國基金大師--約翰·伯格(John Bogle)創立，以指數基金投資聞名於全球，由於指數基金在國外廣受投資人青睞，當市場看好成熟國家股市未來表現趨勢之下，國際資金因而選擇布局股票指數基金，從這般市場脈絡來看，指數化投資的主流地位已然確立。

　　再來看看亞洲市場，同步發覺，香港知名的強積金(Mandatory Provident Fund,簡稱MPF)近期也將其退休自選機制由以往的產品導向，將傳統多元化佈局逐漸轉為核心及衛星

配置，其中核心資產將以ETF作為主要投資組合，可以想見，退休金自選平台在未來全球發展的主流趨勢中，指數化產品的地位將更加被看重。

而台灣主管機關近期已對外表明研擬開放投信業者發行雙幣別ETF、商品ETF、另類新形態ETF等，一旦獲得開放，將有助於增加市場交易量、擴大投信業者基金規模，且投資策略運用及增加資產配置多元性，都可望滿足投資人的期待。若再搭配目前正進行中的自由貿易區，在不同幣別上可以有多層次的發展，將可望帶動台灣資產管理業者發展的新契機，相信這類新商品發展將前景可期。

從國際間投資趨勢改變的情境中，可以察覺到由於市場資金從債券抽離進入股市，使得許多全球股市的復甦及反彈可期，而先鋒股票指數基金正式超越了債券基金，不單單只是印證了債轉股的投資行為，也呈現出指數化投資在傳統的資產管理市場中，已經不斷扶搖直上，事實上說得更精確一些，不是漸成主流，而是主流趨勢地位已經確立。

台灣未來指數化產品若能搭配主流趨勢的發展，仍將樂觀以待，這包括國際化發展、投資主題的變化到主管機關的大力支持，加上業者的積極投入，包括在人才培育、商品研發上，未來投資人不論是傳統基金的投資組合管理，國際資產的配置，以及未來退休基金自選方案的配套，可以想見指

數化投資的優勢將大有可為。

　　欣然樂見台灣主管機關對於台灣指數化產品不論是商品也好、法規也好，均有突破性的格局，並希望業者要有國際化視野，以吸引外國人投資；另一方面，這二、三年來，證交所、各業者都積極大力培養人才，未來指數化產品在台灣資產管理界發展，我們抱持著宏觀積極的心態及作為，投資人透過指數化產品進行國際化的資產配置，必將可提升台灣資產管理業者的競爭能量。

（本文於2013年11月16日刊載於工商時報A3版，略有編修。）

6-07
期許台灣ETF市場下一個10年

　　台灣首檔ETF—元大台灣卓越50基金（台灣50ETF）在2016年6月掛牌屆滿13周年，回顧台灣這10餘年ETF發展，股權式ETF已達市場滿足點，之後在與香港MOU架構下，以附函(Side Letter)換文方式，台、港ETF得以相互跨境掛牌交易。過去10餘年從台灣50ETF到寶滬深ETF，不論在成交量、規模、受益人數，就亞洲ETF的發展來看都是成功的經驗，寶滬深ETF的問市更是亞洲ETF跨境掛牌的成功案例。

　　而隨著QFII開放之後，台灣業者得以發行A股ETF於市場交易，由於投信公司的參與度提高，讓一家發行商陸續增加至數家的新局面，使得投資人佈局A股的選擇更多樣化。整體來看，我認為台灣50ETF樹立了台股ETF的典範，寶滬深ETF締造了跨境掛牌的里程碑，而運用QFII發行的A股ETF也開啟了投資陸股直通車，增添陸股ETF上市的新氣象。

　　至於下一個台灣ETF市場的里程碑在何處，產品多元化的發展將勢在必行，由於台灣的境外基金總代理或是國人投資海外基金，不論產品種類或是金額都遠遠大於台股，因

此ETF國際化的腳步應快馬加鞭，在台灣發行跨市場的ETF，可以考量東協或是歐美等市場，像全球第一檔ETF就是追蹤S&P500指數，新加坡當地掛牌的東協ETF，就是追蹤富時東協40指數，這些ETF都具有相當代表性，亦獲得國際投資人的高度認同。

台灣投資人對於這類ETF不僅熟悉且有資產配置之必要，應可讓它在台灣有機會落地生根發展。其實台灣投資人對於這類海外市場ETF有其需求，只是供給面並未開展，若是能夠推動，投資人除了可以買到主動式的海外基金，也可以佈局被動式的海外基金，在台灣市場以新台幣交易，對於資金運用及配置將更具效率性。

另一方面，新加坡及南韓兩地的另類ETF，不論在規模和成交量都比當地股價指數來得具有吸引力，像新加坡的黃金ETF，南韓的槓桿/放空型ETF都位居當地市場成交首位。若就產品的角度思考，第一階段的ETF是以傳統加當地的市場為主，那下一個階段應以發展海外市場加上另類這兩大方向為主，不論在效率性、低成本、多元性等面向，都可望得以好好發揮。

若從業務機制面來看，兩岸三地ETF市場應有更多元的整合機會，香港RQFII已可運用ETF連結中國指數，香港亦發展跨境掛牌ETF，中國有當地及香港的ETF，但沒有台灣ETF

，台灣和香港則都有發行兩岸三地的ETF，台灣市場若能靈活運用QFII加上QDII及RQFII，將一個市場、一個產品、一個交易所變成三個銷售市場，這個「兩岸ETF共同市場」若能良性發展及廣泛運用ETF，那麼兩岸三地ETF在全球ETF版塊的地位將會更加提升。

目前台灣是ETF的高原期，從創始、發展一路走到成熟階段，但不論ETF類別及發行檔數都不及中國及香港，然而要拓展台灣ETF市場下一個10年，必須參與者要多，市場餅才能做大，投資人認同度才能提升，香港ETF市場就是由於開放、國際化及多樣性，才得以蓬勃發展，台灣如何與中國及香港從零合關係變成現階段的競合關係，未來走向聚合或整合關係應謹慎以對。總括來看，台灣ETF的下一個10年，將有兩個天平，台灣積極發展ETF是平抑兩岸三地ETF投資流向的催化劑，除了利用ETF國際化，一本帳戶投資全世界，再者就是活絡兩岸三地的資金流，推廣台灣ETF到中國及香港。

(本文撰寫於2013年6月20日，略有編修。)

6-08
亞洲ETF成長動能將追歐超美
債券ETF潛力可期

　　美國知名專業網站ETF Trends最近刊登一篇有關ETF未來發展趨勢的文章，此文中美國ConvergEX Group行銷總裁Nicholas Colas指出，2012年ETF的成長力道已經透露出不容忽視的趨勢。尤其在債券型ETF與指數化產品的發展潛力將會愈來愈受到重視，而目前全球ETF規模比重雖仍以美國為首，但亞洲ETF的成長力道逐年增強下，亞洲ETF與指數化產品的發展日臻成熟下，未來亞洲ETF規模的成長可望直追歐洲，甚至超越美國也將指日可待，台灣未來在ETF的發展自然不能落後於其他亞洲國家。

　　從全球ETF的整體規模，在2008年為7720億美元，到了2012年底成長至1.93兆元，成長幅度高達150.4％，再看ETF的產品檔數來看，2008年為2220檔，至2012年抵達4746檔，產品檔數的成長幅度也達113.8％。

　　由於全球ETF的市場規模成長速度令市場咋舌，也因此Colas更預估12年以後，以ETF每5年規模就會出現逾一倍的

成長，如此高速增長的趨勢，總規模可能超過約9兆美元的美國共同基金規模，這些數據都突顯出市場對於未來ETF的成長表現樂觀期待，以及投資策略地位的提升。

回顧2012年整體ETF市場的表現來看，可以發現兩大趨勢與現象：一是債券ETF將崛起：2012年ETF的成長動能主要來自於固定收益產品的貢獻相當高，目前ETF在股票型與固定收益型的產品比例仍懸殊下，未來債券型ETF產品的成長空間與潛力相對看好，這也是債券ETF從2006年以來每年年平均成長幅度均逾50％，相關債券ETF或指數化產品將是未來新主流。

根據貝萊德的統計報告顯示，2012年全球ETF的資金流入量達2627億美元，創下歷史新紀錄，並超越2008年的2597億美元紀錄，同時2012年ETF的資金流入量也比2011年大幅成長51％，整體ETF的規模在2012年底達到1.93兆美元，規模成長幅度約27％。

其中，2012年創造ETF如此大規模成長動能主要來自於固定收益、以及新興市場股票等相關ETF，分別在2012年流入700億美元、548億美元，固定收益部份主要來自於投資等級債、高收益債的資金流入為主，分別流入的金額為244億美元、135億美元，預期今年在全球利率仍維持極低化情況不變，投資等級債仍將會是市場配置債券投資的要角。而這也是國內投資人應該重新思考在債券投資的配置上是否須降低高收益債

券，並提高投資等級債券的比重。

　　二是亞洲市場ETF成長將急起直追：2012年亞洲市場的ETF規模成長達37％，是主要區域別中成長速度最高的，目前整體亞洲ETF的規模為1270億美元，佔全球ETF規模比重為6.6％，僅次於美國的69.8％、歐洲的19％，值得一提的是，若從單一國家ETF的成長表現來看，則以中國相關ETF在2012年規模比2011年成長80％最顯著，預期來亞洲市場ETF因為基期低的優勢，成長動能仍相當直得期待。

　　2012年全球共有618檔新的ETF基金掛牌，在前15檔新掛牌的ETF基金中，有9檔是在亞洲市場，包含7檔追蹤中國相關指數的ETF，以嘉實滬深300ETF的基金規模達65.2億美元最大，其餘日本與韓國各一檔。而目前亞洲ETF中的指數編製公司市佔率以野村達15.2％，位居第一，代表該公司編制指數的專業獲得市場肯定，相關產品也具有一定的市場力。

　　從ETF在全球金融市場扮演的角色地位日益吃重的趨勢下，回過來看台灣ETF市場的發展，由於ETF具有管理費低的優勢，未來若配合國內政策與法令開放，讓國內相關ETF基金或是指數型產品更加多元化，目前國內已有追蹤台股相關指數ETF基金、追蹤A股相關指數ETF，未來能再跟上國際金融市場的投資潮流，也將能滿足投資人的投資需求，進而建立最適的資產配置組合。

（本文撰寫於2013年1月18日，略有編修。）

6-09
全球指數化商品競爭白熱化

　　美國最大共同基金先鋒集團(Vanguard Group)，也是全球第三大ETF發行商，2012年宣布旗下22檔指數與ETF基金將轉換追蹤指數標的，由原來採用MSCI轉換為FTSE編制的指數以及芝加哥大學研究中心證券指數(CRSP；University of Chicago's Center for Research in Security Prices)；無獨有偶地，全球第六大ETF發行商也是法國興業旗下的領先(Lyxor)基金公司也宣佈捨棄採用MSCI指數，跟進轉換採用FTSE編制的指數。

　　根據統計，目前全球股票指數編製公司前五大囊括80％的市佔率，分別為S&P Dow Jones、MSCI、Russell、STOXX、FTSE，在ETF相關商品發行部分，至2012年10月底全球整體ETF相關商品總資產規模約1.84兆美元，前三大ETF發行商為iShares(貝萊德)、State Street(道富)、Vanguard(先鋒)，這三家合計市佔率近70％。

　　事實上，過去10年全球ETF的成長速度飛快，一方面反應ETF的投資潮流興起，另方面也因為指數化操作滿足透明

度高、投資成本低廉、涵蓋投資面向廣泛等優勢，使得全球養老金、退休金等法人機構，朝向指數化操作與投資的趨勢日益明顯。

從這次Vanguard、Lyxor更換指數編製公司主要考量費用、指數的績效、以及更佳的投資組合等原因來看，點出未來全球ETF發展的兩大新趨勢：一是指數編製公司的競爭白熱化、二是指數與ETF發行商的選擇再優化。

首先，在指數編製公司競爭部份，原本國際化指數編製公司間的競爭就相當激烈，主要是因為近十年整體ETF的規模成長超過10倍，來自於國際機構法人，包含退休金、養老金等龐大的操作部位佔了相當大比重。

一般而言，指數原本就具備高度透明特性，而若指數的編制方法能產生更佳的績效表現，則受投資人的青睞程度將大幅提高。

其次，近期的事件中也突顯出指數與ETF發行商對採用指數的選擇朝向優化發展，以往我們習慣性地將主動式與指數化投資一分為二，認為指數化投資就是選擇一追蹤指數即可，但隨著指數化投資蓬勃發展且競爭激烈下，發行商選擇追蹤指數標的時，不再單單只是尋找一追蹤指數標的，同時要考量的因素還包含該指數應具備：績效表現更佳、透明度更高、成本更低廉、以及管理效率更高等優勢。指數基金與

ETF基金發行商愈來愈重視指數化投資的各個層面,前述的這些因素已經漸漸被當成選擇追蹤指數時很重要的多面向考量因子。

指數化操作因為追蹤指數操作,管理透明度高,相較之下較能避免主動式基金管理可能衍生不可控的風險,包含道德風險、選股能力風險、以及投資成本等問題,因此,預期未來此一趨勢更將因為指數化投資具備公正性、獨立性、專業性的三大優勢,在國際市場盛行,規模將持續成長。

再回過來看國內ETF市場的發展,已有十年以上的經驗,目前國內業者有發行指數基金或ETF基金,所追蹤指數包含S&P 、MSCI 、Russell、FTSE等指數編製公司均有採用,過去國內業者通常會依照各指數編製公司在部分指數的專長與優勢,進行選擇與採用。

但現在這些選擇看來應該還有再優化的必要,所謂優化的必要是指,除了選擇指數編製公司的品牌之外,還應該比較指數編製公司所收取的成本、指數操作編制的績效,也就是說從這次Vanguard、Lyxor基金公司進行指數編製公司更換所考量的因子更深入來看,國內的ETF發行商,未來在指數編製公司的選擇上,也應該跟上國際潮流與趨勢才是。

　　近期國內在中長期資金的運用上，如退休金的投資與管理，未來或許可以國外的經驗為師，針對一些好的指數進行一定比例的配置，如此一來，將可提高資產配置的效率性、安全性與透明度。

（本文於2012年11月24日刊載於工商時報A4版，略有編修。）

6-10
快著手研發新ETF商品

　　台灣ETF市場快速成長，2003年6月國內推出首檔ETF商品—元大台灣卓越50ETF(0050)，短短不到10年的時間，ETF商品從1檔變為21檔，規模更自43億元一口氣跳升至2012年4月的近1200億元，成長高達27倍，產品類型也從最開始的權值型，持續開發出產業型、主題型甚至跨境型的ETF，資產類別也自股票ETF橫跨到債券ETF商品，產品版圖日益完整。

　　值得注意的是，台灣 ETF產品發展不僅只有數量的增加與規模的擴張而已，更令人振奮的是，台灣已經有越來越多的散戶與機構投資人認同透明、低成本的指數投資概念，並且在日常投資活動中大量運用指數類型商品作為元件，以2011年為例，當年台灣加權股價指數下跌21.28％，同期台股基金的規模亦由3320億元減少為2671億元，幅度相當於19.55％，規模與大盤跌幅相近，但ETF卻反向成長76.6％，反映台灣投資人對ETF認同度與使用率日益提高的事實。

　　然而，台灣ETF市場雖然持續欣欣向榮，不過目前美中

不足的地方在於，ETF商品連結的資產類型仍侷限在股票或是債券，一些國內投資人亟需補足的資產類別如：原油、貴金屬、基本金屬與農產品等等，台灣投資人仍然無法藉由透明與低成本的ETF產品進行佈局。

就全球ETF市場的發展來看，近年另類資產ETF的成長極為迅猛，根據BlackRock統計，就連結原物料走勢的商品ETF來說，自2006年底到2012年2月，其資產規模便由34億美元暴增為358億美元，成長幅度高達952％；遠勝同期股票與債券ETF之129％與675％的成長，顯見原物料投資已儼然成為全球金融產品的新大陸，亦為ETF投資的新興勢力。

就台灣來說，過往國內投資人長久以來缺乏接觸商品原物料之管道。目前台灣民眾可以透過複委託模式投資海外另類ETF商品，但在現行法令規範下，能交易相關商品僅限於資產高於3000萬元之專業投資人。除了海外ETF之外，民眾還可佈局商品期貨，不過由於國內民眾對於原物料行情認識有限，此外期貨具有槓桿效果，投資人相關風險控管須特別注意，再加上期貨還須定期轉倉，其操作較為繁瑣，其性質較接近專業投資人運用之工具。因此國內資產管理業者若能及早開發出商品ETF，讓國內民眾可以藉由透明、低成本，與原物料行情亦步亦趨的ETF商品，投資大宗物資市場，不論對擴大國內投資市場的版圖，甚或在多元化投資組合的選

項上，相信均別具意義。

　　商品ETF的開發，不僅有利於投資人，對於國內金融機構，其影響亦相當深遠。首先，對基金公司來說，國內基金市場產品同質性較高，商品ETF的發行，不但可為台灣資產管理業者創造新種產品選項，更重要的是商品ETF主要透過股票市場交易，可有效緩解基金產品可能在銀行通路會遭遇到的白熱化競爭。而且對於台灣保險機構與退休管理機構來說，商品ETF的推出，可望提供這些機構法人台幣計價之原物料資產類別的配置元件，有效分散投資組合的風險。

　　國內ETF市場風起雲湧，相信商品ETF可望成為下階段的創新主流，台灣ETF發展若欲更上一層樓，國內業者在此一領域似應儘早研究，以求早著先鞭。

(本文於2012年5月12日刊載於工商時報A3版，略有編修。)

6-11
兩岸ETF的投資新樣貌

　　中國證監會日前批准推出內地首批橫跨上海、深圳股市的跨市場ETF（交易所買賣基金），這是監管部門為增加國內資本市場投資產品種類，而採取的最新措施。

　　滬深300ETF推出之前，中國境內基金市場已經出現了20多檔滬深300指數基金，管理資產總規模超過1000億元人民幣。其中又以嘉實滬深300基金管理規模最大，截至2011年底，該基金規模達420億人民幣，佔同類型基金市場佔有率近5成。滬深300ETF的推出，可望滿足投資者不同的投資需求，一方面可為個人及機構投資者提供價格低廉、交易便捷的長期配置及波段操作的工具型產品；另一方面，可通過提供與股指期貨擬合度更好的現貨產品，強化股指期貨的套期保值、價格發現等功能。

　　而滬深300指數追的是在上海和深圳上市的藍籌股。在內地藍籌股價格接近歷史低點之際，這兩檔ETF為投資者提供另一個投資藍籌股的途徑。這一次由嘉實基金與華泰柏瑞基金籌備多年的首批跨市場ETF終於啟航，3月26日雙雙獲

得中國證監會批准，推出滬深300指數ETF；前者在深交所上市，後者在上交所上市。兩檔基金差異在於申贖模式不同，嘉實滬深300ETF採用「實物申贖」為「T＋2」交割，而華泰柏瑞滬深300ETF則採用「實物加部分現金替代」延續中國現有ETF的「T＋0」交割模式，便於資金週轉效率。

近年來ETF在中國市場發展可謂是如火如荼，各家基金公司爭相發行指數化基金與ETF，截至2012年3月底，就有23檔ETF在上海証券交易所掛牌，在深圳證券交易所掛牌的ETF也有15檔，而所有ETF皆是以中國的指數為追蹤標的。在這琳瑯滿目的指數中，又以上證綜合指數、上證50指數與滬深300指數最為知名。上證綜合指數於1991年發布，歷史數據相當悠久，但若要發展為相關金融商品時，最受投資人喜愛的追蹤指數為上證50指數以及滬深300指數。

其實在台灣，元大投信2009年就先行推出第一檔陸股ETF—元大標智滬深300基金（0061），不僅流動性佳，成交量居台股ETF成交量前三大。而因為上證50指數成分股為精選籃籌股，使得該指數與國際主要籃籌股指數一樣，往往具有領漲抗跌的特性；而中國加速審批台灣金融業QFII額度，台灣全新面貌的陸股ETF終於得以隆重推出。

以往中國概念基金僅投資中國市場相關標的，如台灣上市的中概股、美國上市的大陸企業、香港上市的中資企業標

的，國內資產管理業者也隨著投資管理政策的鬆綁，不斷的演進中國市場相關產品歷程。元大投信為國內少數取得QFII直接投資中國資格的資產管理公司，在看好中國市場未來發展的前提之下，為掌握直接投資A股參與中國成長契機，運用QFII額度直接前進中國。

元大投信已發行寶來標智滬深300ETF(0061)，本次預計發行的元大上證50基金就是以上證50指數為追蹤標的。上證50指數挑選上海交易所市值前50大成份股，與台灣50指數類似，分別為整體市場以及藍籌股的代表，屬於可攻可守的大型藍籌股，與上證綜合指數報酬表現具有一定正向相關性，根據過去經驗，上證50指數往往是政策的領導指標，下跌時相對抗跌，上證50指數是最具代表中國整體經濟發展的指標之一，地位同等於台灣50指數。

目前中國藍籌股的估值已達歷史最低水準，而自1990年至今，上證綜合指數從未出現連續3年收黑情況，前3次連續兩年收黑後的第3年，指數分別上漲65.14％、10.27％與130.43％（指數上漲期間依序為1996年、2003年、2006年整年漲幅），因此預計滬指於2010~2011年連續收黑後，2012年收漲機會大增。

（本文於2012年4月14日刊載於工商時報A3版，略有編修。）

6-12
台灣ETF發展今年更上層樓

　　國外ETF資產管理規模2012年以來屢創新高，大中華市場ETF的發行在近幾年也呈現倍速成長，2011年台灣ETF成交量、受益人數及成交市值佔比大幅提昇，在發行商不斷提供ETF解決方案之下，已讓外資法人、機構法人、一般投資大眾都得以透過ETF進行投資或是納入資產配置元件之中，投資人從知道ETF、開始操作ETF到將ETF作為核心配置的演進三部曲，預料2012年必是台灣ETF發展的引爆年。

　　2003年台灣金融市場寫下歷史性的一頁，第一檔ETF於台灣集中市場掛牌上市交易，ETF在台灣發行已經有了9年多的歷史，市場參與熱度一直不斷提升，並且ETF在台灣的「有機成長」已更顯相當紮實。

　　這可以由以下的數據得知，至2012年1月底，境內共同基金較2003年底（ETF發行第一年）減少8540億元，比2010年減少830億元，但境內ETF卻較2003年底大幅成長966億元，增幅高達245％，較2010年成長532億元，成長率64％，而指數化另一個重要商品--指數型基金（Index Fund

），2012年1月底的規模較2010年成長26.6億元，而台灣整體被動式產品的規模達1472億元，較2003年底足足大幅增加了1078億元，成長率高達273％，較2010年成長558億元，成長幅度為61％。

　　台灣目前於集中市場及店頭市場掛牌的ETF共計20檔，包含權值型、產業型、主題型、跨境型等，投資工具多元，而在臺灣募集發行的17檔ETF（不含跨境原股掛牌ETF）截至2012年1月底，總資產規模達1360億元，ETF的發行商包括寶來投信、富邦投信、永豐投信等三家，境外基金代理商則為匯豐中華投信、凱基投信等兩家，目前境內ETF市占率最高的為元大投信，其次為富邦投信及永豐投信。

　　2012年以來台股ETF占每日市場總成交值比重逐步上升，從2010年底0.5％～1％之間倍增至近期曾創下2.3％的高水位，遠遠超過TDR及權證每日成交金額。而ETF獲得機構法人及一般投資大眾的交易熱潮，除了主管機關推廣及業者用心持續進行市場教育推廣之外，券商的積極參與對於ETF市場流動性的大幅提升，亦扮演舉足輕重的角色。因為ETF參與券商當市場出現ETF市價高過於淨值時，參與券商將手中持有股票申請換發ETF，藉由增加ETF市場籌碼將市價貼近於淨值，進而提升市場流通量，促進投資人買賣ETF的意願提高。

　　而在國內ETF的發展里程碑方面，根據BlackRock最新資料（2012/1月底），元大投信ETF總規模，以43億美元高居亞太區（不含日本）排名第五大，元大臺灣卓越50ETF以35.23億美元排名亞太區（不含日本）第五大ETF。另一方面，元大投信旗下ETF總規模，於2012年1月底為1307.81億元，比2010年底的725.18億元大幅增加582.64億元，增幅高達80.3％；在ETF總受益人數方面，亦從2010年底的61948人，大舉提高至115,913人，增幅98.1％，在ETF有機成長的市況下，元大投信ETF整體市佔率已達到96％的歷史新高水位。

　　國內投信業者陸續取得QFII額度，相繼推出A股ETF，近期香港官員更喊出兩岸三地ETF互相掛牌增速的談話，預計未來兩年台灣ETF市場成交比重將可望與香港並駕齊驅，每日占市場總成交值比重可望成長至5％以上，將可吸引更多投資大眾及機構法人參與，帶動整體投資環境更加提升。

（本文於2012年2月18日刊載於工商時報A3版，略有編修。）

6-13
兩岸ETF活躍 台灣今年更壯大

　　2011年台灣和中國兩地的指數化商品各有突破性的發展，台灣ETF不僅總合已來到20檔，市場規模更見急速增加，元大投信整體ETF市佔率更已達到96％，創下歷史新高，而中國市場的發行檔數也在一年間高速增長，預料2012年台灣市場ETF將更顯露「擴大軍容」的氣勢，外資法人的參與度更高，一般投資大眾亦能透過ETF這般全方位的投資元件，建構符合自身需求的投資組合。

　　台灣第一檔ETF在2003年6月掛牌，2011年包括元大、富邦、永豐等投信公司均推出新型態ETF，讓台灣的ETF面貌更顯多樣化。就台灣及中國2011年ETF發行概況，台灣共有元大富櫃50、元大富盈債券、元大摩臺、富邦上證180、永豐台灣加權等5檔ETF掛牌交易，掛牌總檔數達到20檔；而中國2011年推出20檔ETF掛牌，面孔除了追蹤上證指數系列之外，尚包括大宗商品、深證基本面等ETF，累計中國目前ETF總檔數達37檔，23檔ETF於上海證交所掛牌，14檔在深圳交易所掛牌。

　　中國第一檔ETF--上證50ETF由中國最大基金公司華夏基金發行管理，於2005年2月23日於上海交易所掛牌交易，當時兩岸金融仍處於相互陌生的階段，元大ETF團隊不僅提供培訓與協助華夏發行，更就產品設計面、市場行銷面、業務推廣面，以及實物申購、PD（參與券商）的等架構均提議許多寶貴的意見，並獲得廣大採納，元大投信提升了金融產業質量的實力。

　　華夏上證50ETF追蹤標的指數是上證50指數，按照總市值、成交金額由高到低進行綜合排名，選取排名在前50名的股票作為樣本股；挑選上海證券市場規模大、流動性佳，反映上海股市最具市場影響力的龍頭企業現況。

　　上證50指數於2004年1月2日起正式發佈，目標建立一個成交活躍、規模較大、主要作為衍生金融工具基礎的投資指數，依據樣本穩定性和動態跟蹤相結合的原則，每半年調整一次成分股。而上證50ETF及台灣掛牌的滬深300ETF分別以「大盤最優質精選藍籌股」與「市場覆蓋最全面」二個特性分別成為中國及台灣兩地市場最受歡迎的ETF。

　　上證50指數成分股平均股本255億股，目前平均本益比11.2倍，上證180指數成分股平均股本101億股，目前平均本益比11.69倍，整體相比，上證50指數成分股具有更佳流動性，且能準確地反映優質大盤藍籌股的市場表現，目前中

國藍籌股的估值已達歷史最低水準。

　　對於陸股後市看法，我認為中國通貨膨脹壓力減緩，貨幣政策持續放鬆，但2011年第四季和今年第一季的企業獲利下滑，且受制於歐債危機，影響市場投資信心，陸股目前最大的下檔風險來自於歐元區的不確定性，然而由於1..存款準備金率下調將增強市場對政府於經濟滑落時，迅速出臺政策支持經濟的信心；2.歷史經驗顯示，MSCI中國指數往往在中國金融狀況指數接近底部時開始有所表現，目前金融狀況指數應已觸底；3.大型藍籌股估值正處於歷史底部，大盤下檔風險空間縮窄，陸股行情今年拐點或將出現。

　　另一方面，中國中央經濟工作會議釋放『穩中求進』的基本方向，因政策寬鬆力道低於市場預期，上證指數處於整理格局。不過，目前中國宏觀經濟正出現新的變化，十二五規劃亦邁入第二年，2012年全年經濟目標將在『兩會』定調，當主要政策定調之後，配套政策就會陸續出台，對於以政策為導向的陸股預料將具有激勵效果。

(本文於2012年1月7日刊載於工商時報A3版，略有編修。)

6-14
台灣高股息ETF不是虛的

2016年6月24日亞洲時間英國宣布脫歐當日,台灣50反1ETF創下單日32萬多張的成交量,這是台灣資本市場有史以來上市單一標的歷史紀錄,市場往往將其意涵代表看空台股,因反向字眼仍以看空者居多,但其實這個解讀不完全正確。英國脫歐是2016年上半年最大黑天鵝,不論是全球政經領袖、賭盤或是企業家,都認為維持現狀是對經濟體最好的共識,但英國卻違逆了基本原則,創造了黑天鵝,造成日本股市暴跌,亞股亦明顯下挫,緊接著歐美股市都出現巨幅跌勢,這就是黑天鵝也是短期市場的危機。

這裡要探究的是,如果台股沒有有效的避險工具來管理對沖和下檔的風險,嚴格說來台股就會出現連跌幾天的慘狀,若只能做多那一定出現多殺多局面,但就我們的深入剖析與了解,在台灣50反1ETF出現爆量的前提下,外資並無大幅賣超,外資和自營商都是大幅買超,這動作背後更精確的解讀就是,這檔ETF與期貨最大的不同是它不是放空的概念,而是做多的概念,或許市場有某方面看壞台股的解讀,但

卻更是看多台股的實證。原因在於這些擁有台股大量部位者，一定很難重蹈覆轍，就是在最危急的情況下殺在最低點，這時若再進行放空期貨，買進期貨可能有操作效率性以及時效性的問題，介入反向ETF可以維護在現貨市場做好下檔管控。

因此對於台灣50反1ETF更精確的解讀是，在持有部位做多的前提下，當市場短期出現劇烈震盪，這檔ETF是目前最具效率且可管控下檔風險的市場管道和工具，也是一檔策略交易型ETF，不僅成交量創新高，規模也已達到513億元歷史新高水位，這代表著台股反向ETF已廣為國人所使用，投資人對於下檔保護的使用工具已漸趨成熟。其實面對黑天鵝，必須要有更多的工具和更多的策略，以及更多的解決方案，才可以保有既有資本及完善下檔部位的管理。

另一方面，台股2015年股息殖利率4.6％，2016年5月衝高至4.69％，相較於其他亞洲國家日本、南韓、新加坡、香港都要來得高，且台股累計近8年亦有4.2％水準，均居世界各國股市之冠。目前台股的點位不低，市值在平均水準之上，這個息值的配發是真金白銀，並不是虛的，而在不確定的年代，配息落袋為安的觀念已深植國人心中，台股的現金股息殖利率不論是在亞洲市場或是全球主要股市中都相對具有吸引力，特別是對於目前已經採行負利率政策的日本而言

，日本退休金更對台股擁有如此傲人的現金股息殖利率興趣大增。

　　而過去幾年台灣投資人在投資上已經習慣且偏好購買配息型產品，但很多配息型產品多數配息都是來自本金，台灣高股息ETF是採取每年配息且配息金額並非來自於本金，可享有穩定股息收入，並可落袋為安，且其低波動的特性，在行情震盪下耐震力佳，適合長期投資；另外，台灣高股息ETF過去5年平均配息率逾5％，2016年配發1.3元，股息殖利率也有於5％水準，符合退休理財規劃的需求。從近一、二年台灣高股息ETF不論規模或受益人數都持續向上成長的情況來看，代表市場已有投資人意識到台灣高股息ETF的產品特性與優勢，資金開始持續轉進，亦直接提高規模逼近百億元大關。

(本文於2016年7月2日刊載於工商時報A3版，略有編修。)

6-15
善用投資工具預先布局
面對市場黑天鵝

　　2016年11月美國總統大選最後結果的確讓不少專業的機構法人出乎預料，導致投資市場短時間內劇烈波動，其刺激程度不下於選舉結果，但儘管行情波動劇烈，然而卻有不少投資人透過「多元」的資產配置與「多維」的交易策略來降低市場的衝擊。

　　回顧美國總統選舉開票當天，亞洲市場已率先反應，選情出乎意料使得日經225指數盤中大跌千點，收盤時跌幅超過5％，而且日圓匯價變化也十分可觀，當天盤中從原先的105日圓對1美元，強力急升至101日圓，漲幅達3.8％。

　　在台灣市場中，台股也呈現恐慌賣壓而一路下跌，最後下跌2.98％作收，ETF交易情形顯得相當活躍，其中元大台灣50反一就出現當日32.6萬張的歷史成交天量，這不但是當天台股個股的最大成交量，也再度超越英國公投脫歐時（32.5萬張）的紀錄，此說明台灣投資人在避險策略、資產配置的觀念與操作實務已漸熟悉與認同。

　　此外，美國總統選舉開票當天台股共有11檔ETF成交量創新高。而另一個出現劇烈波動的即為黃金的價格，當天隨川普選情勝利在望，市場對黃金的避險預期驟升，黃金期貨盤中最高漲幅達5％，元大S&P黃金ETF當天上漲3.4％，並出現2.49萬的歷史天量。

　　日圓、台股反向ETF跟黃金，看似連動關係不顯著，然而都是反映擔憂市場風險升高的替代選擇。元大台灣50反一及元大S&P黃金ETF兩個標的出現爆大量，一部分是見到劇跌而湧入的投機資金搶進反彈，但另一部分是中長期持有台股現貨部位的機構法人避險策略所致。顯見反向產品再度充分展現出遇到突來的黑天鵝事件時，發揮抵禦風險、減緩衝擊的作用，能夠達到資金保護，甚至資本增益效果，因此受到投資人青睞。

　　美國總統選舉結果再次說明政治事件對金融市場的影響力不容小覷，且牽動範圍甚廣，包含股市、債券、匯率、商品市場，透過各金融工具不同特性與彼此間連動性作資產規劃，可達到多元配置、靈活布局、資產保護功能。

　　川普當選美國總統之後，中長期的影響更值得關注，市場開始擔心美國未來擴張公共支出、貿易保護主義的政策方向，國際關係可能正要轉變，也將是更多變數的開始。

　　除了美國本身政策走向帶來的全球影響，11月底石油

輸出國組織（OPEC）部長級會議結果決定減產，更激勵元大S&P原油正2於12月1日大漲18.52%，創下ETF單日漲幅紀錄；2017年仍將有諸多重大事件，包含法國總統大選、德國國會大選等，都將一一考驗投資人的因應能力。

　　因此，建議機構法人善用「多元」資產配置與「多維」交易策略的搭配運用。其中「多元」資產配置包含股票、債券、外匯、商品等；「多維」指正向一倍、槓桿2倍、反向1倍、智選（Smart Beta）概念，交叉延伸出縱向、橫向的交易空間，跨足各類市場，預先布局，自由組合，以因應各種市場變化。

　　最後再次提醒，我們短期可能還會遇到不易預測的亂流，呼籲投資人請記得繫好安全帶。預先準備防範措施雖不能完全抵銷市場衝擊，但可以協助減緩受衝擊的程度，投資人藉由運用多元金融工具及交易策略做好事前防護，可保護自己減少損失。

（本文於2016年11月19日刊載於工商時報A3版，略有編修。）

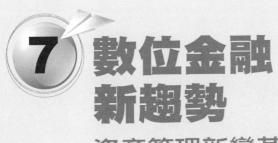

7 數位金融新趨勢

資產管理新變革

7-01
FIN TECH的啟發
與資產管理的變革

　　隨著行動網路及網路社群的發展，行動理財已成為資產管理的顯學，我們談的不僅只是線上的交易查詢，從身分認證、各項作業、交易、資產管理及理財產品，都在進行翻天覆地的改革，這一波金融科技的改革不只是快速更便利，更加強調使用者體驗、更加透明與直覺，投資理財可以不需要專業知識，也能打造出專家級的資產配置，投資人不需要去預測金融情勢可能的變化，而是在資產組合中已做好了風險控管，自動化的調整資產內容，投資人只要選擇符合自己需求的方式或產品即可，生活留給自己、艱深的金融理論留給專家及系統。

　　以往的基金投資都是以"報酬"為中心思考，投資人投資理財產品前都是問會不會賺?預期報酬多少?何時進場?何時出場?所以在產品發展上總是要給投資人最"SEXY"的產品，最具話題的市場，最熱門的投資主題，但是產品走到階段往往行情都已經走到末端，這樣的思維一再重複的發生，

到目前為止不管是銷售通路、產品發行單位用這種舊思維在經營市場的大有人在，跟著趨勢及市場走的想法並沒有錯，但是從客戶資產保護的角度來看，就必須重新思考基金投資究竟是長線保護短線，還是短線造就長線？

2016年對於基金業者來說是調整結構的一年，從金融海嘯後對風險資產的狂熱到對高收益產品的追逐後，市場利率已經低到不能再低，全球的資金亂竄，市場處於恐怖平衡的階段，我們擔心任何的黑天鵝事件對於投資人資產的損害，投資管理行為趨於保守，在去年我們推出了反向的ETF，與過去只能做多的基金產品有很大的差異。

在此要提倡的是，這是交易型、簡易避險的產品，我們解決了投資人長期以來只能做多、死抱活報無法可施的窘境，我們更提供了股票市場長期低量的解決方案，ETF因為槓桿及反向的產品推出，從原本成交量約2％的比重大幅提升了6倍的比重，我們可以看到在美國大選出乎意料之下，ETF的成交張數創下了交易所單一股票的天量，我們很慶幸公司產品受到一般投資人及投資機構的青睞但更重要的意義在於，透過產品創新我們也改變了投資市場的結構。

其實T50反一產品的成功，很多人看到的只是規模的快速增長，但成功並不僅止於此，更帶動了股票市場、期貨市場的活絡，也拉近了機構法人與一般散戶的距離，帶動了期

貨、股票的參與機會。

　　把多空市場訊息變得更為透明，對於財經節目對這類產品的評論，好的、壞的我們都虛心接受，我們樂見有不同的意見也常帶給我多面向的體認，一個好的產品透過電子媒體、社群不斷的討論及意見回饋，不僅給一般投資人帶來教育意義，也讓我們對於產品發行的使命與責任也不同體認。

7-02
3C策略改變基金投資的思維

　　開始經營管理一家基金公司以來，參訪過的海外資產管理公司遍佈全球，過去一直想把最新、最好的產品引進台灣，讓台灣的投資人與國際接軌，以前重視市場、報酬表現。

　　但是國內投資人對於基金產品的認知與投資模式畢竟與海外的投資模式有很大的差異，遠在2007年當時的REITs市場表現優異，又有固定配息的機制，在當時創下了國內基金在短短一年內追加三次的紀錄，基金規模從數十億暴衝到三百億以上，在當時就已經對公司的管理階層提出警訊，可喜的是我們確實把海外最好的產品引進國內，也受到投資人的認同。

　　但擔憂的是，萬一市場反轉對投資人、對公司的傷害程度不容小覷，在當時也有許多同業陸續跟進發行同性質的產品也都相繼熱賣，隨後不久，果然受到美國次貸風暴影響，市場反轉基金淨值也受到相當大的影響，從此開始，對於這類熱賣的產品都相當戒慎恐懼。

　　經過了這幾年歐債風暴、美國緊縮QE、原物料、高

收益債的下挫…等市場動盪，去年(2016年)提出了3C投資策略的想法，所謂的3C投資策略就是資本保護(Capital Protection)、匯率避險(Currency Hedge) 跟現金增益(Cash Enhancement)。

其實3C策略並不是只有基金管理，是以投資人所有資產規劃為核心思想，從資產管理公司的角度來衡量，透過基金如何幫助投資人管理所有資產並提出最適當最平衡風險的解決方案，範圍不僅僅是股票、債券，還包含了貨幣、匯率、利率、商品、期貨…等多緯度的解決方案，而這麼多資產類別如何運用共同基金的特性，幫助投資人能保護資產、有能避開匯率波動甚至能對於現金資產進行增益，與投資人是長期資產構建的關係，又要保有資金運用的流動性，最重要的是避開可能發生的市場風險。

用白話貼近投資者的話來說，如果把投資人的資產分為三部分，可投資資產(分為海內外)、不可投資資產與現金，可以怎麼樣協助投資人，讓可投資資金不僅有獲利能力又可以有風險保護的策略，如匯率風險趨避、股票曝顯趨避、市場曝險趨避，不可投資的資金如退休運用資金、不動產資產，我們應該提出那些最適策略，不僅要打敗通膨更要降低投資成本，而現金是一般投資人最忽略的一塊，也是最沒有效率的一部分，如何讓它在保有流動性的前提下增加收益。

　　再來，基金公司管理資產的對象不僅止於一般投資人，其實包含法人、投資機構、政府基金、壽險基金…等，各種不同的對象對於資金流動性、風險管理、投資範圍都有不同的限制，以往一檔基金要買百種人的情形也必須要調整，當然我們沒有在短時間發行各種不同的產品，所以共同基金必須是一個元素，運用各種不同元素的組合，建構不同的策略滿足投資人的實際需求，其實這與金融科技(FIN TECH)不斷提到的使用者體驗其實是相同的道理。

　　有這以上這些想法，也必須要轉化成做法，必須要由公司內部各部門的主管開始推動，以往新基金募集為主的業務模式必須要改變，過去主動產品與被動產品必須從競爭轉為合作，如槓桿ETF就必須要整合被動式策略與期貨投資部門合力來完成，每一檔產品推出都需要不斷的修正基金管理的各項作業，業務同仁經過上百場的教育說明，才能讓服務、作業人員充分了解，所以每推出一新產品都可算是嘔心瀝血、集眾人之力完成，在2016年我們看到了初步的成果，未來更會持續的推動與創新。

7-03
基金資產與貨幣資產更加貼近

　　如果比較兩岸的基金業者，過去10年以來呈現我消彼長的態勢其實相當明顯，以往許多人或許認為中國的基金行業受到政策的保護下，所以本土的基金業者才得以發展生存下去，但是事實上，中國的基金公司事實上走出了許多與國際不同的道路，更是發揮的淋漓盡致，如指數基金、混和基金、分級基金到近期的貨幣基金、貨幣ETF等，不僅可以讓台灣借鏡其實也是國際上的奇蹟，雖然過去兩年全球的股票市場都受到成交量銳減的影響，但是中國的公募基金市場仍是持續往上成長。

　　從2012年中國的天弘基金與阿里巴巴合作推出餘額寶之後，中國的基金公司運用互聯網金融推進到基金業務發展的另一個階段，與客戶的關係已經不僅建立在基金的報酬或是與通路渠道的關係中。

　　透過電商與現金管理的結合，基金公司也推出"寶寶"理財的應用場景(在中國大陸"寶寶類理財"產品，指的是以貨幣基金為基礎提供T+0快速取款又具收益性的基金產品

)，不管是與中國第三方支付、社群軟體公司或與銀行的串聯，都直接與生活中息息相關的現金管理串了起來。

而當一般人習慣了或必須使用這類產品之後，以往不投資的人其實已經進入了投資理財的門檻，在去年基金公司藉由交易型貨幣基金的推出，更把投資人在股市裡面的資金串了起來，所以投資人的兩大帳戶，銀行帳戶、股票帳戶都與基金公司息息相關，有了敲門磚後續的應用產品就不斷的推出，今年常聽到的債券產品、退休管理、配息基金…等，投資人對於基金產品的認知重新被定位，以往基金公司只管股票投資的形象開始被修正，因為貨幣基金它已經不是基金，而變成了一種更方便使用的現金產品，因此提出的基金貨幣的概念。

基金貨幣可以運用在互聯網金融及金融互聯網當中，因為它提供了及時領取及支付的中介角色，對一般人來說在運用上與現金沒什麼兩樣，透過貨幣基金可以買東西(線上購物、線下運用)、可以買金融產品(股票、保險…)，重要的是它提供了現金所沒有的"利息"，而且即使在休假日也是計算利息的，所以大幅提升取代現金的地位。

在中國因為政策上鼓勵創新的支持下以及基本利率較高的環境下，現金管理的市場越做越大，反觀國內，到目前為止仍尚未推動，雖然利率環境及限制條件有所不同，但是在

台灣仍有發展的空間，尤其是國內對外匯的自由度遠大於中國，所以在國內並不一定要向中國般如此的發展，但是國內在某些領域上仍有運用的空間。

以往一般投資人並不會投資貨幣市場基金，主要原因是收益太低，以投資的角度來説確實如此，但在中國現金管理的發展來看，貨幣基金的收益率並不是決定買不買貨幣基金的重要因素，甚至有許多人根本不知道買了貨幣市場基金，只要利息高於銀行活存為何不轉移銀行的活存資金，因為應用場景多，食衣住行都可以使用，在使用上與現金幾乎沒有差別，又能夠T+0進行提款。

另外，股票交割的餘額也是相同的概念，當資金還沒有要進行股票購買時，先買入貨幣ETF生利息，總比放在銀行帳戶裡要好，一但有適合的股票標的要買也可以即時轉入，不會影響投資行為，總結來説，貨幣基金具有"孳息"的效果，極低的波動風險加上可以即時使用的特性，配合電子錢包進行支付的應用，可説是基金貨幣的最佳呈現。

7-04
行動理財改變投資行為

　　如果用最簡單的說法來定義行動理財，會用簡單、透明、低成本三個條件，這兩年有許多金融科技的新名詞一直出現，從最近的區塊鏈、FIN TECH、理財機器人、大數據、金融互聯網、電子支付、電子商務…等，其實正代表了，網路金融快速進化的成果。

　　其實基金公司並不需要都要每一件事都做，重點是要掌握行動理財的精髓，網路資訊傳輸的速度加快，代表著訊息取得的迅速，所以行動網路的使用者對於資訊結果的呈現就越來越沒有耐心，我們常用的FB裡面不僅是好友的動態，其實更吸引人的是經過"整理"後的資訊，而且內容都是有圖有真相，我們更常看到許多重大新聞事件出現後，也會看到許多有心人用"一分鐘搞懂…"的方式把複雜的事用最簡單的方法讓訊息接收者了解，其實投資理財也是如此!

　　從2008年開始，我們推出了第一套定期定期投資策略---Yes基金理財管家，在當時我們顛覆了定期定額扣款的頻率，透過電子平台元大提供了投資人自己選擇扣款日期的創

舉，同時我們也以此為基礎開發出多項定期定額的策略。

2010年大力推廣實體的基金理財教育課程，於台中成立第一家基金教育中心，並多次舉辦校園理財教育的巡迴講座，大力推動電子交易平台，2013年推出了以基金教育服務性質為主的APP，讓投資人可以透過手機進行報名、查詢帳戶資料及服務的管道。

2014年元大投信導入了社群服務，同時推出元大基金及ETF紛絲團，當年度也成為粉絲數成長最快的基金公司，同時我們也開始規劃開發線上開戶流程，可望可以在2016年前成為同業間第一家線可進行線上開戶的基金公司，對於網際網路服務元大都是領先且穩健的在默默前進，以客戶的需求出發建構線上服務的平台。

2016年9月元大投信APP進行大規模的改版，除原本的基金帳戶、ETF資訊服務外，我們也將基金交易功能加入APP中，更提出了現金管理解決方案---基金貨幣通!

基金貨幣通提高了一般人匯率投資及貨幣配置的效率，並且大幅降低了投資人對於匯率投資的成本，我們也在基金的作業架構上大幅縮短外幣基金的付款時間，未來更積極要改善國內貨幣市場基金的流動性及收益性，落實現金管理的宗旨。

　　在ETF資訊的提供上，我們結合了券商交易系統，讓ETF的交易資訊串聯到股票下單系統，我們也跟外部的財經媒體合作，開發ＥＴＦ交易策略專欄，提供ＥＴＦ進出的訊號並發展成有用的交易決策‧‧‧等，因為我們看到了投資人透過網路網路吸收資訊的需求。

　　因為我們對於投資人依賴網路平台提供重大資訊的使用習慣，對於金融科技的研究與開發都持續地進行中，甚至我們改變產品原有的架構及作業模式，先滿足客戶在意的流動性、實用性及資訊取得管道，接下來更要去擴大應用場景，加入智能理財服務的元素，讓基金投資與客戶生活所需相結合，透過科技快速便利的特性打造出真的ＦＵＮＤ　ＴＥＣＨ平台。

國家圖書館出版品預行編目資料

金融趨勢大未來 / 劉宗聖、盧成德、張明珠著.
-- 初版 . -- 臺北市：商訊文化，2017.01
面 ； 公分 . --（投資理財系列；YS00730）

ISBN：978 - 986 - 5812 - 57 - 7（平裝）

1.金融業 2.金融管理 3.臺灣

561.933   106000147

商訊文化
投資理財系列 | YS00730

作　　　者／劉宗聖、盧成德、張明珠
出版總監／張慧玲
編製統籌／吳錦珠
封面設計／林水旺
內頁設計／林水旺
校　　　對／唐正陽、翁雅蓁

出 版 者／商訊文化事業股份有限公司
董 事 長／李玉生
總 經 理／李振華
行銷副理／羅正業
地　　　址／台北市萬華區艋舺大道303號5樓
發行專線／02-2308-7111#5722
傳　　　真／02-2308-4608

總 經 銷／時報文化出版企業股份有限公司
地　　　址／桃園縣龜山鄉萬壽路二段351號
電　　　話／02-2306-6842
讀者服務專線／0800-231-705
時報悅讀網／http://www.readingtimes.com.tw
印　　　刷／宗祐印刷有限公司
出版日期／2017年1月　初版一刷
定價：300元